高等职业学校酒店管理专业教材
中国管理科学学会旅游管理专业委员会
推荐专业课程教材

酒店管理
基础技能

栗书河　王　星◎主　编
苏　涛　马　磊　张　健◎副主编

中国轻工业出版社

图书在版编目（CIP）数据

酒店管理基础技能 / 栗书河，王星主编. —北京：中国轻工业出版社，2016.10

高等职业学校酒店管理专业教材

ISBN 978-7-5184-1077-4

Ⅰ. ①酒… Ⅱ. ①栗… ②王… Ⅲ. ①饭店 – 企业管理 – 高等职业教育 – 教材 Ⅳ. ①F719.2

中国版本图书馆CIP数据核字（2016）第198073号

策划编辑：史祖福

责任编辑：史祖福　曾　娅　　责任终审：滕炎福　　封面设计：锋尚设计

版式设计：锋尚设计　　责任校对：晋　洁　　责任监印：张　可

出版发行：中国轻工业出版社（北京东长安街6号，邮编：100740）

印　　刷：三河市万龙印装有限公司

经　　销：各地新华书店

版　　次：2016年10月第1版第1次印刷

开　　本：787 × 1092　1/16　印张：9.5

字　　数：218千字

书　　号：ISBN 978-7-5184-1077-4　定价：25.00元

邮购电话：010-65241695　传真：65128352

发行电话：010-85119835　85119793　传真：85113293

网　　址：http：//www.chlip.com.cn

Email：club@chlip.com.cn

如发现图书残缺请直接与我社邮购联系调换

160409J2X101ZBW

培养酒店管理专业人才，是我国高等旅游职业院校专业教育培养的重要方向。全国开设酒店管理专业的高等院校数以千计，每年培养的酒店管理专业人才超过万人。但是，由于现行教材课程缺乏酒店管理岗位工作能力的教学内容，酒店管理专业技能课程还停留在酒店服务操作技能训练阶段，从而导致高职高专人才管理技能培养乏力，毕业生在酒店管理岗位就业的比例低，以致行业人才流失严重，造成高等职业教育资源浪费。针对这一问题，为充分开发高校培养酒店管理人才功能，推动高校酒店管理专业教育教学改革，中国管理科学学会旅游管理专业委员会组织专家，基于职业经理人岗位胜任力架构体系，总结酒店基层管理工作任务的基本管理技能，编写了本教材。

本教材是按照酒店部门督导级管理岗位典型工作任务胜任力框架开发，在主体课程框架不变的基础上，可以调整扩充学习任务点、学习内容、学习资源等，使整体教材可以灵活更新升级，保持教学内容与实践工作要求与时俱进。

本教材针对高职高专酒店管理专业《酒店管理基础技能》课程数字化教学改革需要，按照酒店员工管理、日常管理能力、工作计划管理能力、现场管理能力划分学习单元，以学习项目展开及实战内容为主，并阐述国内外最新基础管理经验，让读者系统地了解相关管理工作理念、方法以及工作过程中的技巧和技能，形成酒店管理基础工作能力。

本教材由中国管理科学学会旅游管理专业委员会副主任栗书河及铂涛集团7天品牌CEO王星担任主编，由张家口蓝鲸控股集团有限公司酒店事业部总经理苏涛、河北旅游职业学院酒店管理学主任马磊、秦皇岛职业技术学院旅游系副主任张健担任副主编。

本教材既可作为酒店管理专业师生的教学用书，也可作为酒店行业从业人员的自学用书。

编者

2016年6月

CONTENTS 目录

学习单元一

员工管理

单元导学

本单元是员工管理工作的必备技能项目，主要包括新员工培训、员工工作表现评估以及工作中员工冲突解决等基础技能，酒店督导级管理者能够应用这些工作技能，开展部门班组团队建设，是酒店工作质量的基础保障。

学习项目1 新员工培训

学习目标

- 能够叙述酒店员工培训阶段与培训内容；
- 能够叙述说明新员工培训设计方案；
- 能够使用培训工具/表格完成培训设计。

学习内容

酒店行业是员工高流动率行业之一，接纳新员工、培训新员工是酒店日常管理工作的常态。特别是基层督导级管理人员，培训提升新员工可能是每天必须进行的工作任务，培训新员工是酒店管理人员基本功之一。

一、新员工培训阶段

按照培训形式与内容划分，新员工培训可分为两个阶段，即新入职脱岗培训和在岗指导培训。

（一）新入职脱岗培训

新入职脱岗培训是员工入职后进行的培训，一般1~3天时间。主要是介绍酒店企业文化及企业基本情况，使新入职员工了解酒店环境、认同酒店文化、提升酒店认同感，同时帮助新员工尽快地适应酒店环境，进入工作角色。

新入职脱岗培训的主要内容通常包括，酒店简介（酒店的发展历程、荣誉），酒店企业文化（总经理入职致信、愿景、使命、价值观、行为准则），员工手册等相关规章制度等。

（二）在岗指导培训

在岗指导培训是以工作岗位胜任力为导向，一般采用“师徒制”的形式，注重新员工工作流程、岗位任务、专业知识及业务操作的辅导。

（1）培训目的 让岗位新员工掌握本岗位工作职责、工作流程、操作标准，具备能够完成工作中基本任务的能力。

在岗指导培训也适用于老员工培训，可以让老员工在熟练掌握标准的基础上，稳步提高实际操作水平，巩固掌握知识及相关操作技能，具备处理工作中一般问题的能力。

（2）培训重点内容 熟练掌握本岗位工作标准和流程、操作流程，设备性能知识，工作原理及质量判断能力。

（3）培训形式 采用岗前培训、岗位操作培训、现场讲解、多媒体教学、课堂培训、课题讲座等形式。

二、酒店新员工入职培训规范

凡是酒店新进员工必须经过新员工入职培训，新员工的部门业务培训由各部门安排。

（一）操作程序

（1）人事部通报培训人员名单（人数十人以上即要组织或根据酒店情况进行组织）。

（2）制订新员工培训计划，并通知部门制订出新员工业务技能培训计划，交培训部。

（3）落实培训教师和培训时间。

（4）确认培训科目和培训教师。

（5）提前一周通知总经理及有关部门。

（6）准备好各项培训材料。

（二）培训安排

（1）新员工到指定地点签到。

（2）严格按照新员工培训计划进行培训。

（3）请总经理与新员工见面并致欢迎词。

（4）请有关部门的经理与新员工见面，并简单介绍本部门的情况。

（5）培训结束后进行考核，并将考核成绩记入本人培训档案。

（6）请各部门领导迎接新员工到岗。

（7）部门开始实施新员工业务技能培训计划，培训时间为 1 个月。

（8）经部门对新员工培训考试合格后，方可正式上岗。

（三）培训内容

礼仪礼貌标准、职业道德、工作中的健康与卫生、酒店消防手册、酒店服务基础、英语、世界文化与风俗、紧急事件处理程序、员工手册、部门的职能与目标、部门与岗位的组织结构图、岗位与酒店其他部门或岗位之间的关系、部门的操作程序、规章制度，参观部门各部位，介绍各工作组、工作的职责与责任、工作标准、实际操作培训、电脑培训、工作评估、部门英语用语。

（四）考核培训结果

考核内容：酒店的基本服务设施、各营业场所的营业时间、客房总数类型、酒店服务基础英语、礼节礼貌、店纪店规、酒店消防知识、部门考核内容，填写培训跟踪表，报培训部。

（五）培训档案

各种信息要准确无误。填写的新员工档案要发至有关部门。将新员工培训计划和完成情况记录存档。

（六）特别注意事项

（1）所有新员工都必须参加由培训部组织的入职培训。

（2）培训部对新员工培训的时间一般为一周，实习生的培训可以适当延长。

（3）除特殊情况外，新员工必须先培训后上岗。如果出现先上岗后培训的情况，培训时间应不设为全天培训，以免影响酒店正常工作。

（4）每月指定日期一天为员工固定培训日。

（七）培训课程的评估

1. 管理要求

酒店培训部管理人员应把评估工作作为一项常规工作来抓，使之制度化、程序化。对被评估员工的培训成绩要充分了解，在评估前要认真做好准备，收集其上次评估以来的表现记录，包括培训出勤记录、直属主管的日常反映等内容，确保评估结果的准确性、公平性、客观性。

2. 操作程序

培训课程评估的操作程序如表1–1所示。

表1–1 培训课程评估的操作程序

步骤一	发出评估表	每次课程结束前发评估表 讲解填写要求
步骤二	填写评估表	请学员填写课程名称，实事求是地回答问题
步骤三	评估项目	课程是否达到了目标 教材是否适用 培训内容是否于工作有利 教学方法是否满意 教学设备运用是否满意 你感兴趣的内容和不感兴趣的内容 你有什么改进意见
步骤四	分析	仔细阅读评估表 摘录学员意见 分析集中的问题 修改教案，改进教学方法
步骤五	存档	将课程评估表存档

三、培训工作应用工具/表格

（一）酒店培训计划样例

任务：摆放自助餐

序号：O–FB–BAN–1013

目的：在这堂课结束后，所有的学员都能按要求正确摆放自助餐。

标准：自助餐台必须要在客人到达之前30分钟准备好。食品及用具充足并分类摆放，保证客人拿取方便。

准备资料与器材：活动白板、活页纸、白板笔、5英尺圆台、宴会桌椅、自助餐台、台裙、餐具、食品标牌、口布、装饰品和鲜花。

某酒店的培训计划表如表1–2所示。

表1-2　某酒店培训计划表（样例）

培训方式	培训步骤	时间
打破僵局 题目介绍	摆放自助餐	5分钟
内容 注意	摆放自助餐宴会时，要分别摆放自助餐台、客人餐台 在白板上将重要的标准与程序内容展示给学员 如果客人总数超过100人，应摆放两个自助餐台	30分钟
共同实践	在大宴会厅，用5英尺圆桌、宴会桌椅摆放自助餐宴会 用什么样的桌子摆放自助餐宴会	90分钟
提问总结	如果客人总数超过100人，应如何摆放自助餐台 在客人餐台上应摆放哪些餐具	15分钟

（二）员工培训登记表（表1-3）

表1-3　某酒店员工培训登记表（样例）

酒店：________________

姓名：		部门：		
入职时间：		职位：		
培训课程名称	培训日期	考核成绩	获得证书	备注

（三）培训出勤表（表1-4）

表1-4 某酒店培训出勤表（样例）

酒店：________________________

培训内容		课程日期		地点		培训员
序号	姓名	部门/部别	职位	工号	签名	备注

（四）培训备课表（表1-5）

表1-5 某酒店培训备课表（样例）

上课日期：________________ 备课人：________________

时间：	地点：	培训对象：
培训课程：		培训教材：
教学步骤		
（1）开始	内容	教学方法

续表

（2）主题讲解/演示		
（3）结束		

（五）培训器材借物单（表1–6）

表1–6　某酒店培训器材借物单（样例）

日期：__________　借物部门：__________

借用器材名称	（1）__________ （2）__________ （3）__________ （4）__________ （5）__________	数量	（1）__________ （2）__________ （3）__________ （4）__________ （5）__________
借用日期		归还时间	
借物原因		借出人	
		取物人	

部门主管签名：__________　培训经理签名：__________

（六）新员工入职培训部门培训检查表（表1-7）

表1-7 某酒店新员工入职培训部门培训检查表（样例）

酒店：____________ 部门：____________

内容	执行人	日期
（1）解释部门/岗位的职能和目标		
（2）解释部门/岗位在酒店里发挥的作用及与其他部门/岗位的关系		
（3）解释部门/岗位组织结构图		
（4）解释部门/岗位及有关人事的政策、规章制度和程序 ——工作时间 ——用餐时间 ——休息日 ——员工投诉程序等		
（5）参观部门		
（6）向同事介绍		
（7）向主管介绍		
（8）解释工作职责、工作标准与部门工作目标的关系		
（9）解释工作评估系统		
（10）解释员工将接受的技能与发展培训		
（11）开始进行操作培训		
（12）其他		

（七）培训课程评估表（表1-8）

表1-8 某酒店培训课程评估表（样例）

课程名称：____________	教师姓名：____________
培训日期：____________	评估日期：____________
请您对所接受的这期培训作以下评估，您的意见将会帮助我们改进今后的培训工作，您无须签名，但您的意见我们一定会认真对待，谢谢您的合作！	

续表

1. 目标：课程是否达到了目标？ 达到 □　　部分达到 □　　未达到 □
2. 教材：教材是否适用？ 适用 □　　一般 □　　不适用 □
3. 教学方式：教学方法是否满意？ 满意 □　　一般 □　　不满意 □
4. 培训内容：培训内容是否有利于工作？ 是 □　　一般 □　　否 □
5. 培训时间是否适合？ 是 □　　一般 □　　否 □
6. 评论： （1）你感兴趣的内容____________________。 （2）你不感兴趣的内容____________________。 （3）其他____________________。 （4）你对此类培训有什么要求____________________。

项目任务训练

模拟任务讨论

请根据培训表格，为一名餐厅服务新员工设计一份工作任务培训课程计划方案，并在学习课堂完成，在学习小组交流。

要求组成学习小组，完成课堂讨论

1．学习小组讨论的规则

在独立思考后，仍有疑惑需要解决，先是一帮一、两人间的讨论，如还有困难，再扩展为4人或5人间的讨论。如遇到较难的问题记录下来，班级讨论。

2. 学习小组讨论的形式

（1）自由发言式 学生可以在小组中自由发言，同学们各抒己见。

（2）轮流发言式 小组成员围绕一个中心问题挨个发言。

（3）一帮一讨论式 当部分学生在难题面前尽最大努力也不能解决，而教师又无法加以个别指导的时候就可以采用这种讨论方式。

学习项目2

工作表现评估

学习目标

- 能够正确叙述工作评估概念与标准；
- 能够准确叙述工作评估的方法与操作要点；
- 能够准确说明酒店工作评估流程；
- 能够熟悉使用员工评估表格进行评估操作。

学习内容

一、工作表现评估概念

酒店员工工作表现评估是指酒店各级管理人员按照酒店规定的工作表现标准，本着公平、实事求是的态度，以填写《员工表现评估表》的形式，对所属员工表现进行客观评估，评估结果通常是员工试用期转正、调职、合同续签或终止等的主要依据。

公平地评估员工工作表现，使员工能发扬优点、纠正错误，提高员工工作表现，这是酒店管理工作的重要方法和技能。

除新员工入职评价外，酒店对员工通常是每半年进行一次工作表现评估。各级员工由其直属上司评估；部门总监以上员工由总经理评估。

二、工作评估内容与标准

（一）工作评估的内容

工作评估的内容主要包括工作任务和责任执行情况、完成工作所需的技能掌握与表现情况、工作对组织整体目标实现的相对贡献以及工作的环境和风险程度等。工作评估是以工作分析为基础的对照评价活动，工作分析的领域也是工作评估的内容范畴。

工作分析是对工作进行系统研究，对工作岗位的责任大小、复杂程度，工作的自由度和权力大小等进行工作描述。同时，以工作规范的形式，对任职者完成工作所需要的技能、任职者的任职资格、工作的环境条件等信息加以描述说明。

工作分析是工作评估的起点。管理者通过对工作分析的描述信息进行识别、确定和权衡，对被评估者工作的相对价值做出恰当的评估。

（二）工作评估的标准

虽然酒店对不同层级与部门人员进行工作评估时所采用的标准有所不同，但通常来说，工作评估的标准大都会基于以下几个基本要素，并围绕这些要素来设计评估标准。

（1）一个职位所承担的责任和风险，对组织整体目标的贡献和影响的大小与被评估的等级、所得到的薪酬高低等成正比。

（2）一个职位的工作难度、复杂程度、工作压力和紧张程度、任职者付出努力大小，与被评估的等级、所得薪酬高低成正比。

（3）一个职位的工作环境恶劣程度，与被评估的等级、所得到的薪酬高低等成正比。

三、工作评估方法

（一）职位排序法

根据一些特定的标准，如工作的复杂程度、对组织贡献大小等，对各个职位的相对价值进行整体比较，进而将职位按照相对价值的高低列出一个次序，方法如下。

（1）通过工作分析获取与职位有关的信息。

（2）成立职位评估者团队。

（3）选定参与排序的职位。

（4）对排序的标准达成共识。

（5）进行比较和排序　一种是直接排序，即按照职位说明根据排序标准从高到低或从低到高进行排序；另一种是“交替排序法”，也就是先从所需要排序的职位中选出相对价值最高的排在第一位，再选出相对价值最低的排在倒数第一位，然后再从剩下的职位中选出相对最高的排在第二位，接下去再选出剩下的职位中相对价值最低的排在倒数第二位，以此类推。

（6）评估者各自检视排序的结果，对其中不合理的地方进行调整。

（7）综合评估团队成员排序的结果，对职位的排序是需要根据对各评估者的意见进行汇总整合，得出最终的排序。

职位排序法是传统的、无量化的、最简单的工作评估方法，即从总体上对每一个职位进行判断，由评价者凭着自己的判断，根据职位的相对价值按高低次序进行排列。此方法主观性特征明显，结果准确性差。

（二）职位分类法

职位分类法是对每一类工作进行描述，然后将组织的每一个工作都放进与之匹配的工作类别中。这种方法最大的困难在于需要对工作级别描述进行主观判断，并与工作类别精确对应。职位分类法步骤如下。

（1）组成评定小组，收集各种有关的资料。

（2）按生产经营过程中各类职位的作用和特征将酒店的全部职位分成几个系统。

（3）将各个系统中的职位分成若干层次，最少分为5~6档，最多可分为8~10档。

（4）明确规定各档次职位的工作内容、责任和权限。

（5）明确各系统各档次（等级）职位的资格要求。

（6）评定出不同系统不同职位之间的相对价值和关系。

（三）因素比较法

因素比较法是一种量化的岗位评价方法，根据若干基准职位的薪酬水平选择并确定多种报酬因素，进而按照各种报酬因素分别对组织内的待评估职位进行排序。

因素比较法是先选定职位的主要影响因素，所有岗位工作内容抽象成若干个要素，包括工作责任、工作强度、任职要求、工作环境等因素。并将各因素区分成多个不同的等级，然后再根据岗位的内容将不同因素和不同的等级对应起来，等级数值的总和就为该岗位的岗位价值，既而可以制定出标准岗位分级表。评估小组按标准岗位分级表对选定的标准岗位进行评分定级，然后将工资额合理分解，使之与各等级相匹配。

1. 因素比较法操作方法

（1）选择标准岗位　在因素比较法中，标准岗位的选择是一项既困难又重要的操作。因为评价结果的可靠性是以所选择的标准岗位为依据的。选择标准岗位必须具有代表性，根据这个标准岗位建立起来的等级必须能被大家所接受。

（2）在实际采用因素比较法时，标准岗位数量的选取要恰当 如果太多，通过该方法对工作岗位进行排列所耗费的时间会很多；如果太少，测评结果的误差就会相对高些。

（3）将标准岗位按照选定的因素进行排列 标准岗位被确定后，按照所选定的因素按相对重要程度依次排列，制定出标准工作分级表。排列工作由评定小组的每一个成员分别进行分级，然后将分级结果提交给评定小组做综合分析。

（4）将标准岗位按照选定因素确定工资额 对标准岗位进行排列之后，因素比较法直接对每一岗位确定工资额，即根据每个因素在该工作中的重要程度，按一定比例确定其相应的工资值，并据此对工作重新进行排列。

（5）对其他岗位进行排列 企业中尚未进行评定的其他岗位，与现有的已评定完的标准岗位进行对比，某岗位的某因素相近，就按相近条件的岗位工资分配计算工资，其累计后就是本岗位的工资。

2. 因素比较法优点

（1）评价结果较为公正 因素比较法把各种不同工作中的相同因素相互比较，然后再将各种因素的工资累计，主观性减少了。

（2）耗费时间少 进行评定时，所选定的影响因素较少，从而避免了重复，简化了评价工作的内容，缩短了评价时间。

（3）减少了工作量 由于因素比较法是先确定标准岗位的系列等级，然后以此为基础，分别对其他各类岗位再进行评定，大大减少了工作量。

3. 因素比较法缺点

（1）各影响因素的相对价值在总价值中所占的百分比，完全凭考评人员的直接判断，这就必然会影响评定的精确度。

（2）操作起来相对比较复杂，而且很难对工人们做出解释，尤其是给因素注上货币值的时候很难说明其理由。

4. 要素记点法（点值要素法）

要素记点法又称点数法，该法首先是选定职位的主要影响因素，并采用一定点数（分值）表示每一因素，然后按预先规定的衡量标准，对现有职位的各个因素逐一评比、估价，求得点数，经过加权求和，最后得到各个职位的总点数。

要素计点法首先选择薪酬要素，并将这些薪酬要素建立起一个结构化的量表。要素记点方法如下。

（1）职权　指职位在工作范围内具有的对人、财、物等资源进行调配安排的权力，其等级和界限说明如表1–9所示。

表1-9　职权等级和界限说明

等级和界限说明		
1	完全按照指令进行工作，无需思考	0
2	承办一项或几项具体工作，并且要提出初步处理意见或建议	10
3	分管一项或几项工作，提出具体方案，直接做出决定	20
4	协助部门正职领导负责一个或几个方面的工作	40
5	负责部门的全面工作	80
6	协助公司领导负责公司多个部门的工作	160
7	负责公司的全面工作	240

（2）责任轻重　指本职位所从事的工作中如不小心出现失误，在其职权范围内和对其他相关事物的影响程度和范围，其等级和界限说明如表1–10所示。

表1-10　责任轻重等级和界限说明

等级和界限说明		
1	工作失误，基本不造成什么影响	5
2	工作失误，可能会给本部门造成一定的影响	20
3	工作失误，可能会给本部门造成较严重影响	40
4	工作失误，可能会给公司带来一定的影响	80
5	工作失误，可能会给公司带来较为严重的影响	160
6	工作失误，可能会导致极为严重的影响	240

（3）指导监督　指在正常权力范围内所拥有的正式指导监督权，其责任大小根据所监督和指导员工人数和层次进行判断，如表1-11所示。

表1-11　指导监督等级界限说明和评分标准

等级界限说明和评分标准		
1	无监督指导下属	0
2	虽无下属，但是经常在授权下监督某些事务或者对他人工作进行指导	15
3	监督指导2个以下的一般员工	30
4	监督指导3至10个一般员工	60
5	监督指导10至20个一般员工	80
6	监督指导部门总经理	120
7	监督指导公司的全面工作	180

（4）工作复杂性　反映该职位工作任务性质的单一性和多样性情况，通常以任务的数量、复杂性、变动性来反映，如表1-12所示。

表1-12　工作复杂性等级界限说明和评分标准

等级界限说明和评分标准		
1	日常的事务性工作，只需要简单的常识即可工作	5
2	有较为简单的方法和程序，需要一定的经验和培训，工作较为固定	30
3	经常遇到不确定的情况，需要按照较为复杂的规则进行处理	60
4	工作中接触的人、物、事件较多，需要主动探索解决办法	120
5	工作中处理大量的人、财、物信息，需要高超的处理技巧	180

（5）工作方法　指完成本职位工作任务的程序和方式的相似程度，其等

级界限和评分标准如表1-13所示。

表1-13　工作方法等级界限说明和评分标准

等级界限说明和评分标准		
1	完全相同，按照固定的规则进行	5
2	大部分相同，有较为简单的操作规程	30
3	一半相同，需要发挥一定的主观能动性	60
4	大部分不同	120
5	完全不同	180

（6）工作关联（协调沟通）　指该职位与内外部往来时所要求和体现的目的，其中“一般工作技术往来”主要指传递文件、办理手续、传递信息、接待来访等例行公事，如表1-14所示。

表1-14　工作关联等级界限说明和评分标准

等级界限说明和评分标准		
1	基本上与他人没有沟通协调的事项	0
2	与公司其他部门内部普通人员和普通外部人员的一般工作往来	10
3	与外部政府机构、团体进行沟通联系，办理相关手续	30
4	与公司各级人员沟通协调，寻求工作上的支持与配合	60
5	对外，代表公司办理重要事项；对内，指导、检查部门工作	120
6	对外，出席重要场合的重大活动；对内，制定决策，协调全公司的活动	180

（7）计划组织要求　指对工作中涉及到的人、财、物，工作进程等进行整体上的安排、协调的要求，如表1-15所示。

表1-15 计划组织要求等级界限说明和评分标准

等级界限说明和评分标准		
1	不需要对工作进行计划和组织，只需要按照指令执行即可	0
2	对工作中涉及的人财物需要进行简单的计划，并且组织安排	10
3	经常需要协助部门主管制订计划，并协助进行工作的组织安排	30
4	工作中经常牵涉较多，需要经常性地做部门工作计划，并且进行组织协调	100
5	经常进行全局性的计划工作，并对整体工作进行组织推动	150
6	战略远景层次的计划制订	180

（8）最低学历要求 知识内履行工作职责所要求的最低学历要求。其判断的基准是国民教育水平。注意与什么学历的人从事本项工作无关系，如表1–16所示。

表1-16 最低学历要求等级界限说明和评分标准

等级界限说明和评分标准		
1	小学	5
2	初中	10
3	高中毕业和中专	30
4	大学专科	60
5	大学本科	100
6	硕士研究生	180

（9）知识范围 处理本职位工作所需要的知识范围，判断基准在于广博而不在精深，如表1–17所示。

表1-17　知识范围等级界限说明和评分标准

等级界限说明和评分标准		
1	日常工作知识，上岗前不需要进行培训	5
2	基本的工作规则和操作知识，上岗前需要经过短期和系统的培训	20
3	必须有一定的专业知识，或需要积累较多的实践经验	40
4	具有较高的专业知识，实践经验丰富，而且需要其他专业的知识和技能	90
5	需要解决多专业的综合问题，要求具备综合性专家的知识结构	180

（10）专业难度　指专业知识和技能掌握、运用的难度，以任职者在工作中自主决策时间的比例和自主决策的范围来衡量，如表1–18所示。

表1-18　专业难度等级界限说明和评分标准

等级界限说明和评分标准		
1	无需决策	0
2	自主决策的机会很少，很大程度上依赖上级主管	10
3	自主决策的机会较少，但工作事务上的自主性较大	30
4	有近一半的事情可以自主决策，一般技术问题或专业工作可自行解决	60
5	大部分事情可以自主决策，只有极为重大的工作任务才需请示上级主管	120
6	基本上是自主决策的	180

（11）工作经验　指工作得达到基本要求，还必须有某种必须随着经验不断积累才能掌握的技巧。判断基准根据掌握这种必须经过一段时间的实际工作所花费的时间，如表1–19所示。

表1-19　工作经验等级界限说明和评分标准

等级界限说明和评分标准		
1	无需专门的经验	5
2	1年以下	20
3	1～3年（含1年）	40
4	3～5年（含3年）	80
5	5～8年（含5年）	160
6	8年以上	240

（12）资格证书　指工作中所需要的由国家或者相关机构进行认证的非教育序列的资格类证书要求，如表1–20所示。

表1-20　资格证书等级界限说明和评分标准

等级界限说明和评分标准		
1	不需要专门的资格证书	0
2	初级资格或者相当于初级资格	30
3	中级资格或者相当于中级资格	80
4	高级资格或者相当于高级资格	150

（13）能力要求　指工作对于任职者各种心理层次上的能力要求，例如人际关系能力、分析判断能力、创新能力等，以能力的种类和程度进行判断，如表1–21所示。

表1-21　能力要求等级界限说明和评分标准

等级界限说明和评分标准		
1	不需要具备特别的能力	5

续表

等级界限说明和评分标准		
2	需要一般的能力，达到平均水平即可	15
3	需要能力较多	30
4	需要多种能力，其中几种较为突出	90
5	需要能力较为全面，并且十分突出	180

（14）语言要求　指工作所要求的语言技能，等级评分如表1–22所示。

表1–22　语言要求等级界限说明和评分标准

等级界限说明和评分标准		
1	只需要能用自己习惯的汉语进行沟通	10
2	能够用普通话或粤语进行流利沟通；或者英语词汇达到2000左右	40
3	英语水平达到国家四级	60
4	英语水平达到国家六级	120
5	六级以上，口语流利	180

（15）技能要求　指工作要求的相关技能。技能指经过相关训练可以掌握的、对特定的工具或者事务具备的操作处理技巧，如表1–23所示。

表1–23　技能要求等级界限说明和评分标准

等级界限说明和评分标准		
1	不需要特殊的工作技能，具备基本的体能即可	5
2	工作的操作流程有一定的技巧，需要经过简单的培训才能掌握（1月）	15

续表

等级界限说明和评分标准		
3	需要特定的技能，经过较长时间的培训才能掌握	40
4	某方面的技能特别突出，需要有该领域的深厚基础才能掌握	90
5	需要多方面的技能，并能综合运用	180

（16）工作压力　指工作的节奏、时限、工作量、注意转移程度和工作所需的对细节的重视而引起的工作压力，如表1–24所示。

表1-24　工作压力等级界限说明和评分标准

等级界限说明与评分标准		
1	从事程序性工作，心理压力较小	10
2	程序性工作较多，有时会出现不可控因素，有一定的心理压力	30
3	脑力支出较多，工作中常出现不可控因素，心理压力较大	100
4	需要付出的脑力强度大，不可控因素多，心理压力大	150

（17）工作时间特征　指工作要求的特定起止时间，如表1–25所示。

表1-25　工作时间等级界限说明和评分标准

等级界限说明和评分标准		
1	按正常时间上下班	10
2	上下班时间不一定是正常班，但具有一定的规律性，可以自行安排或预先知道	30
3	有些时候工作要求不得不早到迟退或者周末加班	80
4	工作时间根据工作具体情况而定，自己无法控制	150

（18）环境特征　指工作时环境对任职者身体、心理健康影响的程度，如表1–26所示。

表1-26　环境特征等级界限说明和评分标准

等级界限说明和评分标准		
1	80%以上的时间在室内办公，环境舒适，无特别不良感觉	20
2	工作需要外出，有时感觉环境较不舒适	80
3	经常外出，且在途时间长，有时感觉环境极不舒适或者户外工作，环境因素对人体有一定的损害	150

四、酒店工作评估程序及应用工具/表格

（一）工作评估程序

工作评估程序如图1–1和表1–27所示。

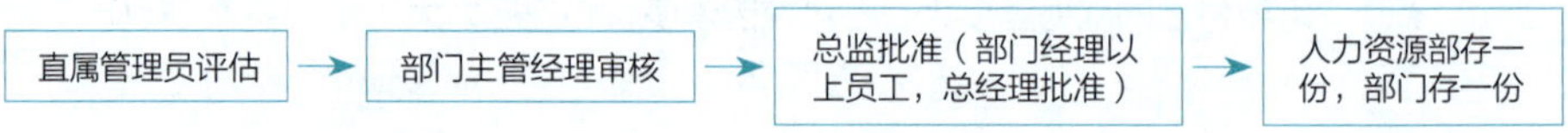

图1-1　工作评估程序图

表1-27　某酒店餐饮部员工工作评估程序（样例）

主题：员工评估政策	参考号：F&B-x-000
批准：餐饮总监	日期：2014-8-28
批准：总经理	日期：
（1）目的　按规定对员工进行评估，使员工清楚自己的表现，也作为员工提升的依据 （2）流程 平常工作多留意员工的表现 每月初召开管理级会议听取大家意见 部门经理收取各方面意见后，填写评估表 跟员工简短谈话，告知他工作表现 员工在评估表上签名 评估表递交人事部存档	

（二）员工工作表现评估表（表1-28）

表1-28 某酒店员工工作表现评估表（样例）

姓名：____________ 员工工号：____________

班组：____________ 职 位：____________

评估日期：自 年 月 日至 年 月 日

1	服务态度	员工是否始终保持微笑服务，工作是否有主动性，是否经常迟到早退、病事假	标准	打分
	A	员工能始终保持微笑服务，工作积极主动，无迟到早退和病事假	5	5
	B	员工能做到工作要求，本月有少于三天的缺勤	4	
	C	表现平平，本月有三天以上缺勤	3	
	D	表现甚差，经常迟到早退	2	
2	行为规范	是否始终保持高标准仪容仪表，是否有违反工作纪律记录		
	A	能始终保持高标准仪容仪表，无违反工作纪律记录	5	5
	B	基本能保持标准仪容仪表，偶有违反工作纪律记录	4	
	C	工作表现平平，有两次违反工作纪律记录	3	
	D	表现甚差，有三次以上违反工作纪律记录	2	
3	服务规范	是否处事精确，不易出错，工作有条不紊，容易使人接受		
	A	工作很好，极少发生错误	5	5
	B	工作良好，只稍有差错，极少犯相同错误	4	
	C	工作表现平平，工作要经审核才能被接受	3	
	D	处事十分粗心大意，经常犯相同错误	2	
4	设施设备保养	是否对工作范围的设施设备做保养		
	A	设施设备保养良好	5	5
	B	基本能做到设施设备的保养	4	
	C	需督导才能做到对设施设备的保养	3	
	D	对设施设备根本做不到保养	2	

续表

5	每月培训	是否对培训严肃认真，是否有缺勤，培训是否合格		
	A	对培训严肃认真，无缺勤，培训成绩非常好	5	5
	B	基本能做到培训要求，有三次以下缺勤，培训成绩基本合格	4	
	C	对培训表现平平，有三次以上缺勤，培训成绩一般	3	
	D	对培训表现很差，有五次以上缺勤，培训成绩不合格	2	
以下由部门填写				
总评分		适应岗位	除职	予以转正
		表现满意	表现一般	延长试用期，不予录用
	A	工作表现非常好，有一定卓越工作表现	36～40	
	B	是一位工作表现良好的员工，有能力去完成预期工作	31～35	
	C	是工作表现良好的员工，在若干方面具有长处，但仍需改进工作	26～30	
	D	是一位工作表现平平的员工，需要继续努力达到更佳工作表现	21～25	
	E	员工需要改善工作表现才能达到基本工作要求	20以下	

（三）员工工作评估表（表1–29）

表1–29　　某酒店员工工作评估表（样例）

员工姓名：__________________　　　职位：__________________

评估日期起自　　年　　月　　日至　　年　　月　　日

1	工作守时与考勤	员工是否守时及经常保持出勤 员工是否经常迟到或请病假或事假
	A	员工保持很好的考勤记录，在评估期限内绝无迟到或缺勤
	B	员工能基本保持良好的考勤记录，在评估期限内曾少于三天的缺勤记录

续表

1	C	员工保持平平的考勤记录，在评估期内，偶有迟到并有超过四天缺勤记录
	D	员工考勤记录甚差，在评估期内经常迟到并有缺勤超过五天的记录
2	仪表仪容	员工是否修饰整洁
	A	对个人清洁卫生非常注意，并经常保持适当的修饰
	B	通常注意修饰整洁
	C	偶尔有不整洁或不适当的修饰
	D	衣着不整洁及错误的修饰
3	工作知识	员工对本职工作的应有认识如何 员工是否了解自己工作的一切功能、要求与责任
	A	对本职工作各个方面有充分认识，极少需要指导
	B	对本职工作很多方面基本上有足够的认识，偶尔需要指导
	C	对本职工作某方面缺乏认识，经常需要引导，并须继续培训
	D	对本职工作多方面缺乏认识，经常需要引导，并须继续培训
4	工作质量	员工是否处事精确及不易出差错 员工的工作是否有条不紊，容易使人接受
	A	工作做得很好，极少发生差错
	B	工作良好，只稍有些错处，极少犯同样的错误
	C	工作表现平平，工作要经过审核才能被接受
	D	处事十分粗心大意，经常犯同样的错误
5	可信赖程度	员工是否值得信赖并对委派工作谨慎尽职
	A	非常值得信赖，经常准时按要求完成制定工作，极少需要指导
	B	大多数情况下都可以信赖，只是偶尔需要督导
	C	在完成工作前需要经常查核
	D	不可以信赖，需要经常密切监督
6	进取态度	员工是否有创新精神及具有善于应变的能力 即使没有提醒员工，能否主动负起自己的职责
	A	能主动完成工作，善于发挥能力及智慧去完成工作
	B	基本能够主动完成经常性的工作，偶尔会有所疏忽
	C	工作中需要提醒才能完成本职工作
	D	需要经常催促，不能主动完成工作任务

续表

<table>
<tr><td rowspan="5">7</td><td colspan="2">礼貌与合作态度</td><td colspan="4">员工对上司、同事及客人是否谦恭有礼</td></tr>
<tr><td>A</td><td colspan="5">非常注重礼貌待人接物，经常保持和颜悦色，乐于助人</td></tr>
<tr><td>B</td><td colspan="5">基本能做到彬彬有礼，乐于与人合作</td></tr>
<tr><td>C</td><td colspan="5">只对喜欢的人有礼貌及愿意分工合作</td></tr>
<tr><td>D</td><td colspan="5">没有礼貌及不愿意与别人合作</td></tr>
<tr><td rowspan="2">总评分</td><td rowspan="2"></td><td>适合晋升</td><td></td><td>降职</td><td></td><td>予以转正</td></tr>
<tr><td>表现满意</td><td></td><td>表现一般</td><td></td><td>延长试用期 / 不录用</td></tr>
<tr><td></td><td>A</td><td colspan="5">是一位工作表现非常良好的员工，有一贯卓越的工作表现</td></tr>
<tr><td></td><td>B</td><td colspan="5">是一位工作表现良好的员工，具有能力去完成预期的工作</td></tr>
<tr><td></td><td>C</td><td colspan="5">是工作表现颇好的员工，在若干方面具备长处，但仍需改进以收到更佳的工作效果</td></tr>
<tr><td></td><td>D</td><td colspan="5">是工作表现平平的员工，需要继续努力以达到更佳的工作表现</td></tr>
<tr><td></td><td>E</td><td colspan="5">员工需要改善工作表现才能达到基本的工作需求</td></tr>
<tr><td colspan="7">改进建议（范围及方法）:</td></tr>
<tr><td colspan="7">所需培训建议:</td></tr>
<tr><td colspan="7">其他评语:</td></tr>
<tr><td colspan="4">评估人签名
员工签名</td><td colspan="3">日期
日期</td></tr>
</table>

（四）酒店普通员工表现评估表（表1–30）

表1-30 某酒店普通员工表现评估表（样例）

姓名	职位	员工号码	入职日期
部门	班组	评估日期：自 年 月 日 至 年 月 日	
评估原因 □试用期满 □职位调整 □工资调整 □年度评估 □其他			
评估标准 5特优 4优秀 3合格 2不合格 1不可接受			
序号	评估项目	分数	给分原因及具体说明
1	专业知识		
2	工作技能		
3	工作态度		
4	忠诚度		
5	工作效率		
6	工作质量		
7	工作主动性		
8	独立工作能力		
9	宾客服务		
10	合作精神		
11	工作责任心		
12	自信心		
13	学习能力		
14	人际关系		
15	仪表卫生		
16	考勤状况		
17	礼貌礼仪		
18	表达力、理解力		
19	沟通能力		
20	自律能力		

续表

21	总评分		1～39为不可接受 40～59为不合格 60～70为合格 71～90为优秀 91～100为特优
签认			
评估者已与我谈论过此评估报告，并且接受评估的内容及结果。 被评估者 签名：________ 职位：________ 日期：________ 批准人 签名：________ 职位：________ 日期：________		评估者 签名：________ 职位：________ 日期：________ 人力资源部 签名：________ 职位：________ 日期：________	
发展建议	针对该雇员的弱点，提出需要哪些培训及计划 针对该雇员的潜在能力，提出需要哪些培训及发展计划		
提升计划	如果该雇员具有升职的潜力，请说明下一步可升职的职位及大约预备的时间		

项目任务训练

案例实践讨论

到酒店接触了解一名员工，并根据评估工具表格完成一份评估报告，在学习小组交流。

要求组成学习小组，完成课堂讨论

1．学习小组讨论的规则

在独立思考后，仍有疑惑需要解决，先是一帮一，两人间的讨论，如还有困难，再扩展为4人或5人间的讨论。如遇到较难的问题记录下来，班级讨论。

2. 学习小组讨论的形式

（1）自由发言式 学生可以在小组中自由发言，同学们各抒己见。

（2）轮流发言式 小组成员围绕一个中心问题挨个发言，一人不漏。

（3）一帮一讨论式 当部分学生在难题面前尽最大努力也不能解决，而教师又无法加以个别指导的时候就可以采用这种讨论方式。

学习项目3 解决矛盾冲突

学习目标

- 能够正确阐述员工矛盾与组织冲突的概念及种类；
- 能够准确说明员工矛盾与冲突产生的原因；
- 能够准确叙述解决员工矛盾的方法；
- 能够准确叙述处理组织冲突的方法与注意要点。

学习内容

一、处理解决矛盾与冲突概念

在酒店组织的存续和发展过程中，冲突是不可避免的。冲突问题影响着组织目标的实现，甚至影响到组织的生存和发展。据组织学家的研究表明，每位管理者大约有20%以上的时间是用于解决组织中的冲突问题，冲突管理甚至比计划、沟通、奖励和决策更为重要，冲突管理水平的高低直接影响着组织中冲突主体各方的和谐程度，从而影响组织目标的实现程度。管理者对组织中的冲突管理不当，小则引起内耗，导致资源的浪费，大则给组织带来灭顶之灾。

（一）矛盾与冲突的概念

矛盾是指对立的观点、想法和利益之间的不协调，不一致。员工之间的矛盾发生在各个层次和所有部门，员工有时互相争执，或有失公正地批评别人，而导致一些人情绪不好、不愉快，但不好的情绪可以自行调整而不需要采取任何措施。作为管理督导人员，会发现有时自己的目标与其他管理人员不同，或是自己发现处于自己的上司与其他部门经理的矛盾之中。

冲突是指人与人、群体与群体之间激烈对立的社会互动方式和过程，当事人之间存在利害关系，为了价值或争夺一定的资源产生了分歧，而处于一种行为对立状态。处理解决冲突是困难的，但处理解决好却能提高员工的自我满足，从而使酒店获得更大的成功。

一些督导管理人员可能会用无视问题或不用同事帮助解决问题的态度，对待矛盾冲突问题，这是常见的认识误区。没有人喜欢矛盾与冲突，但是解决矛盾与冲突是督导管理的基本必要技能。

（二）矛盾的种类

1. 员工之间矛盾

员工之间的矛盾或某个员工与管理员之间的矛盾。

2. 主观内在的矛盾

由于某个员工不满意其工作或不同意酒店的目标而造成的矛盾。

（三）组织冲突的类型

在组织活动中，冲突的发生是不可避免的，按照冲突的性质、发展的阶段、组织层次和主客体的内容不同可以对其做以下划分。

1. 按性质不同划分（表1–31）

表1–31 按性质不同划分的组织冲突表现形式

冲突名称	概念	表现形式
破坏性冲突	指组织中由于双方的目标不一致造成的、具有损害性的或阻止目标实现的冲突 破坏性冲突往往会带来一些消极的后果，例如：使人产生精神压力，从而影响工作和身体健康；浪费时间和精力	平时互相交流信息少，或者交流的信息是扭曲变形的 听不进或不愿听进对方的观点和意见 由对某一问题的看法不同发生争论，进而转为人身攻击
建设性冲突	是指双方目标一致，但由于方法或认识上有所不同而产生的冲突	双方都明白有着共同的目标并表示关心 彼此间愿意了解和听取对方的意见和观点 围绕着争论问题的中心积极交流信息

2. 按所处阶段划分

潜在冲突是指冲突的萌生阶段，主要表现为发生互动关系的主体之间已经积累了一定的能够引发冲突的前提条件，但还不足以导致冲突的发生，如果主体对这种潜在的不一致处理不当，就可能使潜在冲突明显化，造成正面冲突。

正面冲突就是潜在冲突的明显化和公开化，冲突的双方直接交锋。

3. 按主体差异和客体内容划分（表1–32）

表1-32 按主体差异和客体内容划分的组织冲突类型

目标型冲突	指冲突双方或多方因所希望达到的结果和目标互不相容、不可调和时所发生的冲突
情感型冲突	指冲突双方或多方因在情感或情绪上无法达到相一致、不可调和时所发生的冲突
强势型冲突	指冲突双方中的一方凭借着自己的绝对优势对另一方进行强行压制而发生的冲突
背景差异型冲突	指冲突双方或多方由于个性、立场、价值观、教育程度等方面的差异而导致的冲突
实质型冲突	指冲突的双方或多方由于规章制度、职责任务、方法、程序、工作的分配等问题而引发的冲突

（四）矛盾冲突的结果（表1–33）

表1-33 矛盾冲突的结果

负——负	没有赢家，这种结果无助于矛盾的处理解决，使矛盾的双方都感到失望。这种结局意味着同样的矛盾问题还会再次发生
胜——负	如果在解决矛盾当中有胜有负，矛盾只解决了一半。例如，一个存在主观内在矛盾的员工，可以无视或者不愿意工作，那么他是赢家。但是企业作为矛盾的另一方成了输家，因为工作没有完成。胜 - 负的结局只是暂时解决了问题
胜——胜	这种结果并不意味着双方都能以各自的方式行事。而是矛盾冲突以每个人都能够接受的方式获得解决，这种结果往往保证类似的矛盾冲突不再发生

二、引发矛盾及组织冲突产生的因素

（一）引发矛盾的原因

1. 沟通问题

督导管理人员不能清楚地表达个人的期望是导致他们之间矛盾的主要原因。

2. 资源、条件有限

资源、条件有限，比如：时间、资金、设备可以导致同一部门或不同部门员工之间的矛盾。

3. 目标不一致

任何酒店经营的目标都是向客人提供服务，企业获得盈利，但是员工可能在如何提供服务方面产生不同意见。

4. 工作关系

成功的经营依靠合作。有些人没有完成工作而其他人要完成这些工作，矛盾由此而出。

5. 人与人的差异

不同的宗教信仰和政治观点、不同的教育背景和文化背景、不同的经历经验和年龄以及不同的工作职责都会引起员工之间的矛盾。

6. 组织问题

当员工或部门认为自己的工作是最重要的时候，就会发生冲突。如果工作职责不明确或有所重叠，也会造成冲突。

（二）产生组织冲突的原因

1. 组织成员间缺乏良好的沟通

由于沟通中的语义理解困难、信息交流不充分和沟通方式单一化等沟通障碍，导致了合作的延迟或误解的产生，增加了冲突的潜在可能性。缺乏沟通，不仅个体心理需要无法得到满足，而且员工之间也缺乏建立在相互信任基础之上的良好人际关系。

2. 组织结构不合理

如果组织的结构不合理，所设机构的责、权、利分配不当，就容易形成推诿扯皮或者多头领导，上下级部门之间就容易产生冲突。

规模较大的组织中，分配给群体成员任务的专门化程度、管辖范围的清晰度、员工与目标之间的匹配性、领导风格、奖励系统、群体间相互信赖的程度等结构因素，以及群体成员年轻化等，常常会因为分工不当而引发冲突。

3. 个性差异的客观存在

个性差异是指主体之间在稳定特征上的不同。在互为依赖的相互关系中，主体个性差异较小，则在许多方面容易达成共识；个性差异显著的主体之间就不易接受对方（包括其行为）。

组织内部员工个人间的个性差异越大，尤其是影响依赖关系存在的个性差异越大，共性就会越少，主体间合作的可能性就越小，存在的分歧、矛盾就越普遍，工作和交往中的阻碍、争执和冲突也就越频繁。

4. 资源的稀缺

任何部门都希望在资源获取方面处于优势地位。然而，由于资源具有稀缺性，任何一个组织的资源都是有限的。组织内各单位或个人由于共同对这些资源的依赖而产生互依关系，在这种情况下，冲突就不可避免，并且随着依靠共同资源程度的增加，冲突也会相应增加。

三、解决团队矛盾与冲突的方法

（一）团队解决问题的方法

督导管理人员使用团队解决问题的方法，运用多数人的技能，让员工参与决策过程，督导管理人员能够从员工那里得到建议，培养员工的自我激励精神，获得更强的生产力促进酒店发展。

1. 团队开动脑筋，集思广益

（1）开动脑筋、集思广益进行讨论。

（2）不要让员工注意力转移。

（3）促使员工自由发言。

（4）促使所有员工都有所作为。

2. 团队寻找解决问题的方法

（1）让每个人都阐明自己的观点。

（2）查看问题对于员工的影响及作用。

（3）说明不同的结果。

（4）开动脑筋，集思广益找出可能的解决方法。

3. 确定解决问题的方法

（1）团队在最终确定解决问题的方法之前需要得到反馈。

（2）团队以获得反馈作为最终确定解决问题方法的基础和依据。

4. 独断与合作

（1）独断的督导管理人员对于自己的观点和想法有信心，而且能够清楚地表达思想，这不意味着他们将个人的想法强加于人，也不意味着他们要等到别人发表意见之后再决定是否提出自己的看法。

（2）合作的督导管理人员善于与他人共同努力实现部门与企业的目标，合作不意味督导管理人员不停地发指令或总是在指责别人。

5. 讨论谈判解决矛盾

谈判是通过让步、迁就的讨论解决矛盾冲突的方法。在讨论谈判之前，作为督导管理人员，必须觉察所有矛盾的破绽，做出决断与发生矛盾的双方员工面谈，提出解决矛盾使双方满意的必要合作方法。

6. 讨论谈判解决矛盾应该注意的方面

（1）保证在你与员工探讨解决矛盾时不受干扰。

（2）保持目光接触。

（3）不做记录，特别是当员工不知道你为什么要做记录时。

（4）让自己全面地掌握有关情况。

（二）组织变革方法

1. 将组织结构扁平化

削减中间组织层次，缩短上下层的距离。这样做，既可以提高信息传递的速度，又可以提高领导决策的效率，还可以促进上下级之间的沟通。跨职能的工作团队是组织结构扁平化与流程化的基础与实现途径。高度一致的团队目标与团队内信息流动的开放性，可以极大地避免组织内部的破坏性冲突，特别是对于那些需要多个职能部门相互配合的业务流程，跨职能工作团队更具优势。

2. 设立共同目标

为实现组织共同目标，组织成员必须相互依赖、彼此合作，缓解互相之间的对立情绪，从而使组织各种不同的活动融合起来。在实现共同目标的过程中，员工也从中实现了个人目标。这种个人目标与共同目标的相互依赖，在一定时期内可以使组织的破坏性功能淡化或消除，促进组织各项工作的顺利进行。

3. 加强组织的内外沟通和对话

组织领导要在减少沟通层级的基础上增加沟通渠道，使组织的信息可以快速有效的传达。同时，也可以建立对话的平台，例如定期的会议、座谈、交流等，为员工的沟通创造机会。

4. 加强组织成员的团队建设

通过员工团队建设可以提高员工的权威性、专业性和创造性，全面提高组织团队的工作能力，并且有利于管理者协调员工的工作，避免由于任务分配而产生的冲突。

5. 职权控制

高层的管理人员可以运用职权范围内的正式权威，发出指令或命令来解决底层的冲突，并向冲突各方指出高层的期望。

6. 适当让步，达成妥协

冲突双方各自放弃一些有价值的东西，以互相让步的方式妥协解决冲突。在使用妥协方式时应注意适时运用，不要过早采用这一方式，如果过早会出现无法触及到问题的核心，不能真正地解决问题的情况。

四、处理个人矛盾冲突的方法

个体以不同的方式处理人际冲突。在对自我的关注和对其他人的关注两个维度上，反映出人际冲突处理方式模型（图1–2）。

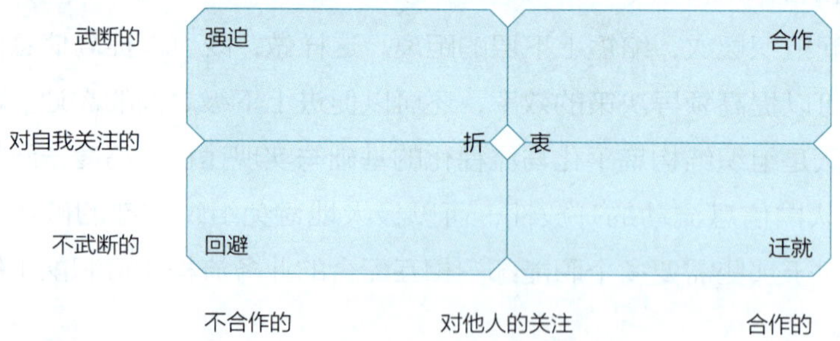

图1–2 人际冲突处理方式模型

（一）回避方式

回避方式指不武断和不合作的行为。个体运用这种方式来远离冲突、忽视争执，或者保持中立。回避方式反映了对紧张和挫折的反感，而且可能包括让冲突自己解决的决定。由于忽视重要的问题会使他人感到灰心，所以总是使用回避方式常导致他人的不利评价。当尚未解决的冲突影响到目标的实现，回避方式将导致对组织消极的结果。回避方式表现有以下几个方面。

（1）如果有规则，引用规则。如果没有，让其他人自由做出决策。

（2）通常不会说出会引起争议的观点。

（3）避开那些引起自己与朋友们争论的问题。

注意，在某些情况下，回避方式也可能是适当的处理方法，包括以下几种情况。

（1）问题很细小或者只有短暂的重要性，所以不值得个体耗费时间和精力去面对冲突。

（2）个体在当时没有足够的信息来有效地处理冲突。

（3）个体的权力对其他人而言太小以至于没有机会来形成变革。

（4）其他人可以更有效地解决冲突。

（二）强迫方式

强迫方式指的是武断和不合作的行为，同时也代表了对人际冲突的赢－输方法。那些运用强迫方式的人努力达到自己的目标而不考虑其他人。这一方式包括强制性权力和控制的方面。它将帮助个体获得个人目标，但是就像回避方式一样，强迫倾向会导致他人不利的评价。强迫方式思维观点及表现有以下几个方面。

（1）喜欢直截了当 无论别人是否喜欢，都按自己说的去做，也许当其他人有了自己的经验时，他们将记住这一点并给予更好的评价。

（2）使其他人确信自己主张的逻辑和好处。

（3）在争执中坚持自己的见解。

（4）在争论开始后，通常坚持自己对一个问题的解决方案。

强迫倾向的个体认为冲突解决意味着非赢即输。当处理下属或部门之间的冲突时，强迫方式的管理者会威胁或实际运用降级、解雇、否定的绩效评价，或其他惩罚来获得服从。当同事之间发生冲突时，运用强迫方式的员工将通过向管理者求助来尽量按照自己的主张行事。这种方式代表了一种通过管理者来将决定强加给对方的企图。

由于员工的利益未被考虑，所以管理者过分依赖于强迫方式降低了员工的工作动力。相关的信息和其他可能的选择方案通常就被忽视了。

注意，在某些情况下，强迫方式也可能是必要的处理方法。这些情况包括以下几个方面。

（1）紧急情况需要迅速的行动。

（2）为了组织的长期有效和生存必须采取不受欢迎的行动。

（3）个体需要采取行动来保护自我和阻止他人利用自己的时候。

（三）迁就方式

迁就方式指的是合作和不武断的行为。迁就代表了一个不自私的行为、一个长期的被他人所鼓励的合作策略，或者是对其他人愿望的服从。运用迁就方式的个体是典型的被他人给予积极评价的人，但是他们也会被认为是软弱和顺从的。迁就方式的表现有以下几个方面。

（1）通过暂停个人目标以保持与那些自己所重视的人的良好关系来使冲突得到最好的控制。

（2）如果可以使其他人高兴，自己完全赞成。

（3）喜欢通过使争议显得不那么重要来消除它。

（4）通过建议分歧是细小的，以及将个人的观点与其他人的结合在一起以表示友好，来缓和冲突。

当运用迁就方式时，个体会表现得好像冲突将最终消失，同时他也求助于合作。个体将通过安慰和支持来努力降低紧张和压力。这种方式表示出了对冲突情感方面的关注，但却对于关注它的实质问题没有什么兴趣。迁就方式仅仅导致个体掩饰或掩盖个人的情感。如果它作为主要解决冲突的方式，则基本上是无效的。

注意，在某些情况下，迁就方式也可能是比较有效的处理方法。这些情况包括以下几个方面。

（1）个体处于潜在的爆发性的情感冲突情境中，并用掩饰来使情境变得安全时。

（2）在短期内保持协调和避免分裂格外重要时。

（3）冲突主要基于个体的人格而且不能轻易消除时。

（四）合作方式

合作方式是指强的合作和武断性的行为。它是人际冲突解决双赢的方法。运用合作方式的个体想使共同的结果最大化。这种个体表现倾向于以下几个方面。

（1）把冲突看作是自然的、有助益的，以及如果处理得当会带来一个更有创意的方案。

（2）表示对他人的信任和对他人的正直。

（3）认识到当冲突的解决使所有人满意的话，则所有人也将对这个解决方案给予承诺。

运用合作方式的个体通常被视为是有能力的，并得到他人的积极评价。对这种方式的表现有以下几个方面。

（1）首先努力克服任何存在于冲突之间的不信任。接着自己努力得到双方对这个项目的共同感情。

（2）自己强调没有什么是不可改变的，同时建议双方找到一个可以进行尝试的方位。

（3）告诉其他人自己的想法，积极主动地获得他们的观点，同时寻找一个对双方有益的方案。

（4）自己喜欢提出新的并建立在已表达观点的基础上的方案。

（5）自己努力深入研究一个问题以找出对大家都有利的方案。

通过这种方式，冲突被公开地认识并被所有有关的人所评价。分享、检查和评价冲突的原因将有利于找出一个有效解决冲突并使所有相关的人都可以接受的解决方案。

通过个体差异来开展工作往往要消耗额外的时间和精力，但合作方式所需的相互依赖性证明了这些消耗是有意义的。在某些情境下，合作方式是最为有效的冲突解决方式，这包括以下几个方面。

（1）个体中有充分的权力均势以至于他们感到可以坦率地相互影响，而无需顾及他们之间的正式上下级关系的时候。

（2）特别是从长远来看，双方有潜力通过双赢的过程来解决争议并能互利互惠的时候。

（3）有充分的组织支持，以投入必要的时间和精力来解决争端的时候。

（五）折衷方式

折衷方式指的是中等水平的合作和武断性的行为。运用这种方法的个体进行平等交换并做出一系列的让步。折衷是一种被广泛使用和普遍接受的解决冲突的方法。折衷方法的观点与表现有以下几个方面。

（1）我想知道其他人如何感觉。时间适合时，我会解释自己如何感觉并尽力告诉他们错在哪里。当然，在适中的基础上解决问题是非常有必要的。

（2）在自己的方法失败之后，我发现为大家寻找一个收益和损失的合理平衡点是很有必要的。

（3）当他人想迁就我时，我对他们做出让步。

（4）就像那句古老格言说的，有总比没有好，大家都折衷一下。

一位同他人妥协折衷的个体将更可能被积极地评价。对于折衷方式的积极评价有很多解释，包括以下几个方面。

（1）它基本上被视作一种合作性的“退让”。

（2）它反映了一种实用主义的解决冲突的方法。

（3）它有助于为未来保持良好的关系。

在冲突早期过程，折衷方式不能用来解决问题的原因包括：

（1）相关的个体很可能在被宣称的争端上而不是实际的争端上折衷。冲突中提出的第一个争端往往不是真正的争端，所以过早的折衷将妨碍对真正争端的全面分析或探究。

（2）接受一个最初的主张比寻找一个使所有相关的个体都满意的方案要简单得多。

当折衷不是可以得到的最好决策时，它对所有或部分的情境是不适合的。进一步的讨论会揭示一个解决冲突的更好的方法。

与合作方式相比，折衷方式没有使双方的满意最大化。折衷使每个人获得中等的，但仅仅是部分的满意。但在某些情境下，折衷方式可能是合适的，包括以下几个方面。

（1）一致使每个人的情况较好，或者至少不差于没有达成一致的情况。

（2）实现全部的双赢协定完全不可能。

（3）冲突的目标或对立的利益阻止了对某个人提议的达成。

（六）冲突处理方式的特点

人们都愿意把合作视为对冲突的建设性的利用，对合作的运用可以导致其他人的积极情感，以及对绩效和能力的积极自我评价。合作倾向于更成功而不是不成功的个体的特征，及高绩效而不是中等或低绩效组织的特征。

与合作相反，强迫和回避通常有着消极作用。这些方式倾向于与对冲突的非建设性运用、他人的消极感情和对绩效与能力的不利评价相联系。

迁就与折衷的效果似乎是混合的。对迁就的运用有时导致他人的积极情感，但这些个体并不形成对运用迁就方式的个体的绩效和能力的积极评价。对折衷方式的运用一般都会得到其他人的积极感情。

项目任务训练

案例分析讨论

根据在学习生活中，按目标型冲突、情感型冲突、强势型冲突、背景差异型冲突和实质型冲突等概念，请列出相关事件并分析说明属于哪些类型，在学习小组交流。

要求组成学习小组，完成课堂讨论

1．学习小组讨论的规则

在独立思考后，仍有疑惑需要解决，先是一帮一，两人间的讨论，如还有困难，再扩展为4人或5人间的讨论。如遇到较难的问题记录下来，班级讨论。

2．学习小组讨论的形式

（1）自由发言式　学生可以在小组中自由发言，同学们各抒己见。

（2）轮流发言式　小组成员围绕一个中心问题挨个发言，一人不漏。

（3）一帮一讨论式　当部分学生在难题面前尽最大努力也不能解决，而教师又无法加以个别指导的时候就可以采用这种讨论方式。

学习单元二

日常管理能力

单元导学

本单元是日常管理工作的必备技能项目，主要包括客户信息管理、客户投诉、时间管理等基础技能，酒店督导级管理者能够应用这些工作技能，处理日常客户接待与个人工作内容安排等，这是酒店业务工作质量的基础保障。

客户信息管理

学习项目1

学习目标

- 能够使用客户信息管理工具/表格，完成客户信息收录；
- 能够概括说明建立酒店客史档案的重要性；
- 能够概括说明各部门在建立客史档案系统过程中的职责；
- 能够准确叙述建立完善的宾客历史档案的方法。

学习内容

一、酒店客户

（一）客户

接受产品或服务的组织或个人，即消费者。客户金字塔如图2-1所示。

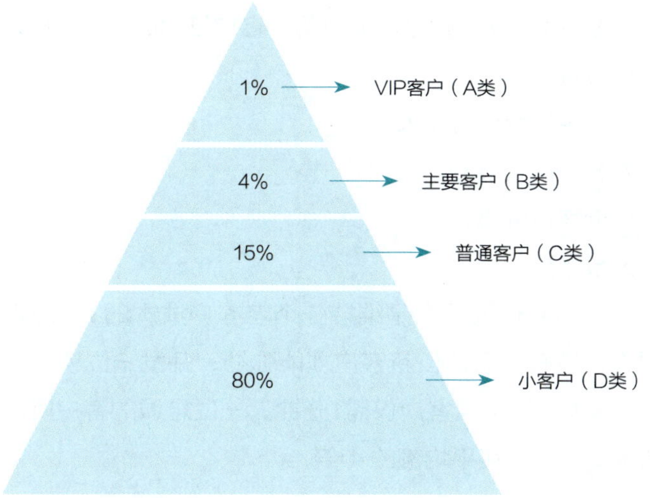

图2-1　酒店客户金字塔

客户类型：购买酒店产品和服务的客户，可进一步分解为以下几部分。

（1）重点客户　数量占酒店现有客户的20%，但消费产量占酒店现有客户总产量的80%。

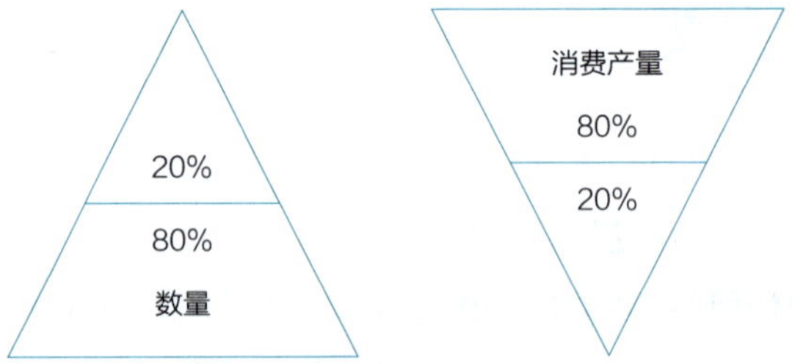

（2）普通客户　除去重点客户以外的剩余客户。这部分客户的潜力比较低。

（3）新客户　当年新开发的客户。

（4）停滞客户　当年全年的产量小于5个间夜的客户。

（5）争取客户　有一定潜力的酒店客户，但很少使用或购买本酒店产品或服务，而总是购买竞争对手的产品和服务。

（6）消亡客户　连续两年处于停滞状态的客户。

（二）客户管理

通过富有意义的交流沟通，理解并影响客户行为，最终实现客户获得、客户保留、客户忠诚和客户创利的目的。客户管理的内容包括以下几个方面。

（1）寻找客户。

（2）了解客户特点与需求。

（3）为客户提供服务。

（4）分析客户价值。

（5）维系客户。

开发一个新客户的成本是维持一个老客户成本的3~10倍；流失一位老客户的损失，只有争取10位新客户才能弥补；开发一位新客户可能需要花费10000元，而失去一位老客户仅需1分钟。一位忠诚的客户所购买的商品总平均额为新客户一次购买平均额的10倍。

二、客户流失管理

客户流失管理，就是在明确客户流失的根本原因的基础上，有针对性地制定各种层面的应对措施，通过酒店的营销、服务等部门，运用商务的、技术的手段从全方位进行客户挽留的管理。

（一）客户流失原因

1. 员工跳槽导致客户流失

员工跳槽是客户流失的重要原因之一，尤其是酒店的高级营销管理人员的离职，更容易导致客户群的流失。

很多酒店在客户管理方面做得不够细腻，酒店与客户之间的关系牢牢地掌握在销售员的手中，而酒店自身对客户影响相对乏力，一旦销售员跳槽，老客户也就随之而去。

2. 酒店缺乏创新

任何产品都有生命周期，随着市场的成熟及价格透明度的提高，服务产品带给客户的利益空间越来越小，若酒店没有创新，客户自然会流失。

3. 客户难耐新诱惑

由于市场竞争激烈，为了能够在市场上获得有利的地位，竞争对手往往会不惜代价以优厚条件来吸引客户。客户可能因诱惑流失。

4. 产品质量不稳定

服务产品质量不稳定也是导致客户流失的一个重要原因。服务产品质量不稳定多出现在新产品上市的时候。

5. 酒店短期行为导致客户流失

即使是酒店老客户，但如果酒店在短期行为上让客户的利益受损，客户还是会离去。

6. 市场波动导致客户流失

酒店在发展的波动期一般都是客户流失的多发阶段，如酒店的高层的动荡、酒店资金周转不灵，或出现意外灾害，都会导致市场波动，任何客户都不愿意到动荡不安的酒店消费。

7. 细节疏忽导致客户流失

酒店内部管理不到位，员工服务意识淡薄，对待客户有贵贱之分等，酒店如果忽视细节也会使客户流失。

（二）客户流失管理对策

1. 深入分析客户流失的原因

客户“跳槽”，并不能简单地认为客户不再购买服务产品。不再在本酒店消费的客户称之为“完全跳槽客户”。那些在本店消费的同时也到竞争对手消费的客户称之为“部分跳槽客户”。对待这两种客户，应认真的分析“跳槽”的要点，深入了解客户真实“跳槽”的原因，才能发现营销管理中的问题并采取补救措施，甚至还可以使已“跳槽”的客户重新回来并与之建立起更为牢固的关系。

2. 增加客户价值

防范客户流失的工作既是一门艺术，又是一门科学，它需要不断地去创造优质的客户价值，才能最终获得、保持和增加客户。酒店的利润来源于自身创造的价值，利润是价值创造的结果。只有增加了客户的经营价值，酒店的价值才会增加，利润才会增长。

3. 创新是酒店的永恒法则

酒店要生存，就必须不断创新，赶上市场发展趋势，一个原地踏步的酒店最终的结果就是被淘汰，被客户所遗弃。

4. 突出差异服务

客户对服务的需求分为三个层次：期望价值、附加价值和核心价值的需求。核心价值、期望价值已经被竞争者所克隆，酒店要想留住客户，就必须在附加价值方面有所突破。对不同竞争对手的差异服务就能赢得客户的满意。

5. 加强与客户沟通

客户与酒店的合作是建立在充分了解的基础上的，酒店加强与客户的沟通，可以增加彼此的了解和信任。员工跳槽带走客户很大一个原因就在于酒店缺乏与客户的深入沟通与联系，酒店应适时地对客户表示关心，询问客户对酒店产品或服务的满意程度。

6. 实施客户服务补救、挽留客户

即使产品质量、服务水平不断提高，客户的不满还会发生，当酒店和客户发生矛盾时，如何挽留住客户就成了关键。

（1）在不严重的情况下，一次道歉作为补偿也会被客户接受。大多数客户对酒店失去信任是因为他们的关切没有被公平地解决。

（2）酒店在解决问题时要多听取客户的建议或者给客户提出解决的方案，如果酒店能够合理地解决客户的问题，客户对酒店一般不会失去信任。

（3）酒店对失败的责任认识和对投诉的快速处理也很重要。

（4）在处理客户问题时，应由专门的人员负责，而不是经常换人。

（5）处理客户问题时，对于情绪激动的客户，口头语言交流比书面交流更容易传递同情和怜悯。

三、客户保持管理

（一）客户保持的概念

客户保持指酒店维持已建立的客户关系，使客户不断重复购买产品或服务的过程。

客户关系管理的策略主要在于维持现有客户，而不是一味地争取新客户。衡量一个酒店是否成功的标准不再仅仅是酒店的投资收益率和市场份额，而是酒店的客户保持率、客户份额及数据资产的收益率。增加客户份额有两种手段，即多吸引新客户和保留老客户。

（二）客户保持的意义

发展一位新客户的成本是保持一个老客户的3~10倍；向新客户推销产品的成功率是15%，而向现有客户推销产品的成功率是50%；向新客户进行推销的花费是向现有客户推销花费的6倍；如果酒店对服务过失给予快速关注，70%对服务不满的客户还会继续与其进行商业合作；一个对服务不满的客户会将他的不满经历告诉其他8~10个人，而一位满意的客户则会将他的满意经历告诉2~3人。

（三）客户保持的作用

（1）从现有客户中获得更多的市场份额。

（2）减少销售成本。

（3）赢得口碑宣传。

（4）提高员工的忠诚度。

（四）实施客户保持管理的内容

（1）建立、管理并充分利用客户数据库。

（2）通过客户关怀提高客户满意度与忠诚度。

（3）利用客户投诉或抱怨案例，分析客户流失原因。

（4）为了留住客户，提高客户保持率就必须寻根究底的分析客户流失的原因，尤其是分析客户的投诉和抱怨。

四、酒店客史档案管理

酒店所建立的客史档案中包括了顾客的基础资料、嗜好习惯、消费需求、消费能力等，这些都是酒店对客服务过程中的重要信息来源，也是酒店需要进行管理、跟踪的重要的客户资料。酒店应当尽可能地了解客人的喜好并加以记录，然后再充实到客史档案里，培养出能充分洞察客人心理的优秀服务员，以确保能为客人提供个性化的服务。

通过客史档案，酒店能随时查询到客人的生日以及其他纪念日的情况，以便为客人提供相应的服务和关怀。认真分析客户档案，在此基础上有的放矢地开展酒店的对客服务和销售工作，获得客人的好感，从而产生事半功倍的效果。同时，酒店也可以从客人平常的消费记录中进行各方面的分析，为酒店管理者提供有利的决策依据，使之成为酒店经营决策的财富。

（一）客史档案及其系统

所谓客史档案，就是酒店员工在日常工作中收集关于客人的一切信息并作为历史记录保存起来以备查考的文字、图像及其他各种方式和载体的文件。

所谓客史档案系统，就是将客史档案里的信息进行归档整理，使之形成一套制度化的系统。

（二）客史档案的重要性

酒店无论规模大小，在开业的时候就应该建立宾客历史档案管理系统。酒店所有对客服务部门，在宾客抵店或住店期间，能够充分利用宾客历史档案的相关信息，在及时有效地增加宾客满足感的同时，为他们提供全方位、持续性和细致的个性化服务，并努力超越宾客的愿望。

（1）建立客史档案系统可以为前台登记人员带来很多便利。

（2）建立客史档案系统可以准确掌握客人在住店过程中的各种需求。

（3）建立客史档案系统可以培养酒店忠诚的消费群体，达到信息互动共享，全面提升服务质量的目的。

（三）建立宾客历史档案系统方法

酒店的管理软件已经具备了非常详细的整理宾客档案的功能，需要酒店员工详细录入完成。

1. 客人基本信息录入

在酒店的管理软件中有一个重要的模块就是客史档案，前台要负责把所有的信息输入到客史档案中并确保每项内容都准确无误。

通过证件扫描仪录入客人基本信息：客人的姓名、性别、国籍、籍贯、出生日期、护照（身份证号码），在前台登记的时候使用证件扫描仪扫描，自动进入护照、身份证自动录入系统，直接和酒店管理软件相连接，证件上所有的内容就会自动输入，非常的方便。

员工手动录入客人基本信息：前台人员要负责按照客史的每一个项目从预订单和登记单里把相关信息输入到电脑里，如表2-1。

表2-1　酒店客史基本信息表（样例）

姓名（中英文）		性别		出生日期		国籍		籍贯	
公司/职务									
地址（中英文）									
护照/身份证				护照有效日期				入境口岸	
电话		传真		信用卡号				有效期	
邮编		电子邮件		公司网址					

2. 预订部在客史记录过程中的注意事项

客史记录时需要特别注意的酒店的重要客人：商务客人、有潜力的散客、回头客。

没有客史管理系统的情况下，就需要使用电脑中合并客史的功能，派专人对所有相同的客史进行合并，保证每一个客人在电脑中只有一个对应的客史资料。预订时要尽量了解客人的职位，了解客人的公司名称、地址、客人的手机号码、公司电话、传真、邮件、网址等重要信息，如果客史资料比较混乱，不但无法帮助销售工作，还可能会造成很多的错误，引起客人投诉。

有了客史资料，酒店各个管理软件使用部门就可以随时查阅客人的历史信息，然后跟进相关的服务。

（四）各部门在建立客史档案系统过程中的职责

1. 客史档案建立过程中对各部门的要求

酒店要对所有的散客进行客史档案的记录，并且每一个对客服务部门都要对客人的档案进行反馈、获取、更改、存档，最后由前厅部门对客史档案进行统一的整理、操作（图2-2）。

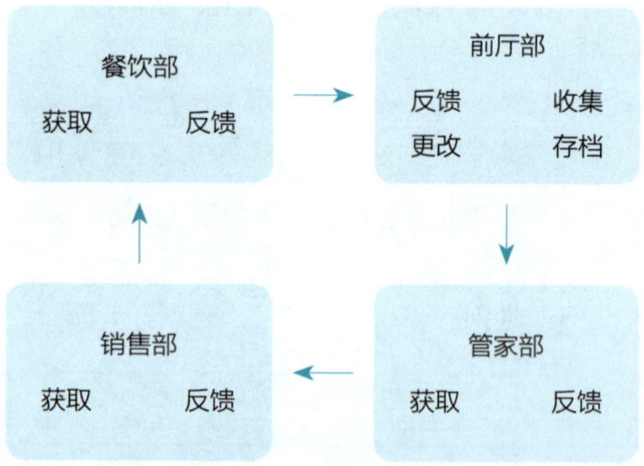

图2-2　客史档案建立中各部门职责关系

2. 客史档案建立过程中各部门需要搜集的信息

各部门在服务过程中需搜集有关客人的各种有效信息，然后通过员工手动录入电脑，以便完善客史档案，如表2-2所示。

表2-2　各部门需搜集有关客人的信息表

前厅部	（1）客人的姓名/性别/国籍/籍贯 （2）客人的职位 （3）公司名称/地址 （4）护照/身份证号码 （5）联系电话/传真/电子邮件 （6）出生日期/结婚纪念日 （7）房间的预订与确认方式（传真/电话/电子邮件） （8）喜欢的房间类型/房号

续表

前厅部	（9）房间价格/预订来源 （10）喜欢的欢迎礼品（鲜花/水果/酒水等） （11）客人的意见与投诉 （12）行李寄存记录 （13）客人所喜欢的店外服务项目
管家部	住店客人其实大部分时间是在房间逗留，因此管家部也要随时了解客人的要求和喜好，并且及时反馈给前厅部，把客人的这些要求和喜好输入电脑中的客人档案 （1）客人喜欢的客房用品/卫浴用品 （2）要求清洁房间和夜床服务的时间与次数 （3）客人喜欢房间清洁的方式和物品摆放的位置 （4）客衣洗涤的特殊要求及有关注意事项 （5）客人喜欢收取/送回客衣的时间 （6）客人喜欢送回洗衣的方式（折叠、挂架等） （7）其他特殊要求（额外的枕头、毛巾、毛毯、变压器和多功能插座等）
餐饮部	（1）客人喜欢的餐厅/菜式/酒水/饮料 （2）用餐的氛围/个人习惯 （3）用餐的价位/折扣 （4）客人中意的厨师/餐厅服务员 （5）特殊要求的餐台摆放 （6）客人的其他意见

（五）宾客历史档案的使用

宾客历史档案的使用对每一个营业部门都很重要，每天应该打印出次日抵店的客人报告，这份报告应该涵盖宾客历史档案的内容。应该关注的客人历史档案细节，如表2-3所示。

表2-3 各部门次日抵店客人报告

前厅部	（1）按照次日抵店的报告，查找出有相关客史档案的客人 （2）按客史要求预分宾客所需的房间类型及特定房号 （3）根据该客人的客史记录完成预先登记工作，以便为客人提供快速入住登记服务

续表

前厅部	（4）检查该客人在酒店是否有行李寄存的记录，以便在客人入住时及时提醒客人 （5）派发“宾客礼品申请表”至有关部门 （6）客务关系主任负责安排相关客人的生日、结婚纪念日所需的贺卡及礼品 （7）仔细检查客史档案中，客人在上次住店期间是否曾有过不愉快的意见、投诉、事故等，需及时提醒有关部门注意跟进服务
管家部	（1）在客人抵店前，根据客人的喜好，安排相应的房间及卫浴用品 （2）在客人抵店前，根据客人的习惯及特殊要求，放置其他物品（例如：额外的被子、毛巾、枕头、硬板床或多功能插座等） （3）查询客人是否有遗留物品记录，并在客人入住时及时通知客人认领 （4）留意客人洗衣的特殊要求与收取客衣的时间 （5）留意客人要求清洁房间与夜床服务的时间及特殊要求
销售部	（1）核查客人此次入住的房间类型、房价及预订来源 （2）根据客人抵店的时间，指定有关销售人员在客人抵店时，迎接客人并适时进行销售拜访和意见的征询工作
餐饮部	（1）根据客人的习惯与口味，安排适当的菜式、酒水、用餐环境 （2）根据客人的喜好，提前指定安排相应的厨师、餐厅服务人员，做好届时为客人服务的准备工作 （3）宴会销售经理或餐厅经理在客人抵店前，应查阅该客人在客史档案中有关餐饮的全部记录，及时对餐饮部的相关位置进行安排与落实，以做好餐饮服务的跟进与意见征询工作

（六）宾客历史档案库的更新与维护

1. 获取/更新客史档案信息的渠道

酒店的每一位员工都有责任在适当的时间、采取适当的方式收集与客人相关的信息资料，并及时反馈给本部门的客史档案的管理人员，以及时更新该客人的客史档案资料。

（1）销售部销售人员、餐饮宴会销售人员、前厅大堂副理与客务关系主任及各部门的一线人员应适时与客人沟通并征询客人的意见。

（2）客人的名片、意见书、问卷调查。

（3）大堂副理日志、礼仪电话记录、销售部与餐饮部的销售拜访记录及酒店各部门交接班日志。

2. 各部门客史信息的沟通方式

（1）各部门管理人员负责将所收集到的信息及时反馈到本部门的客史档案管理员处，以完成对本部门客史信息的更新与存档工作。因为输入酒店的电脑系统更方便查询，各部门最好将所有信息反馈到前厅客史档案管理员处，以及时输入电脑，以备查阅。

（2）各部门若需查询客人在酒店其他部门的信息资料，则需在酒店相关管理人员授权后，方可在本部门的电脑终端上查询有关资料。

3. 宾客历史档案的删除和使用权限

为了确保酒店宾客历史档案的价值性，酒店相关的工作人员需定期对酒店宾客历史档案库信息资料进行清理和删除，该项工作由前台接待处在酒店其他部门的配合下完成。酒店电脑部应该取消除已授权管理人员和客史档案负责人以外的其他所有人员删除宾客历史资料的权力。除酒店授权人员外其余人员只可以查阅客史资料，不可以更改和删除。有些酒店删除客史资料只能由电脑部来完成有条件的删除，比如对所有没有身份证件号码和无任何消费记录的客史统一删除。前厅部经理要定期向酒店主管本部门的副总经理汇报客史档案删除的原因及有关内容。

客史档案是酒店重要资料，一定是经过授权的人才可以调阅，主要包括以下人员。

（1）酒店高级行政管理人员、部门甲级经理。

（2）大堂副理、宾客关系主任。

（3）预订部主管/经理。

（4）各部门指定客史信息管理员/文员。

客史资料的建立和科学管理是酒店提高服务水平的一个重要途径，如果没有引起酒店管理层的高度重视，将会给酒店经营管理工作带来非常多的麻烦。现在一些国际连锁酒店为此新设了一个比较高的职位叫客户档案经理，说明客户档案的重要性。建议每一家酒店都建立一项完善的客户档案系统，快速地提高服务水平和增创更多的效益，使酒店处于一个良好的运营状态。

项目任务训练

案例分析讨论

一家酒店的大堂副理和一个比利时的常住客人聊天，聊到他和他太太的结婚纪念日，并了解到了具体日期。到了那天，这对夫妇非常意外地收到一份特别的礼物：酒店一位漂亮小姐送来一束鲜花，并跟他说今天是他们的结婚纪念日，一定要快乐。还附了一张贺卡，上面全是酒店员工亲笔写的祝福语和签名。当天晚上，这对夫妇还被邀请到酒店最高层的行政酒楼，参加专门为他们举办的一个小型聚会，夫妻俩非常感动。这位比利时的客人是一位技术谈判专家，从此以后无论是国外还是国内的客户，他都会安排到这家酒店。所以，一个小小的结婚纪念日，都可能给酒店带来很大的商机。

请根据上述内容分析成功的关键点，并提出一个可以影响客户的策划内容报告，在学习小组交流。

要求组成学习小组，完成课堂讨论

1．学习小组讨论的规则

在独立思考后，仍有疑惑需要解决，先是一帮一，两人间的讨论，如还有困难，再扩展为4人或5人间的讨论。如遇到较难的问题记录下来，班级讨论。

2．学习小组讨论的形式

（1）自由发言式　学生可以在小组中自由发言，同学们各抒己见。

（2）轮流发言式　小组成员围绕一个中心问题挨个发言，一人不漏。

（3）一帮一讨论式　当部分学生在难题面前尽最大努力也不能解决，而教师又无法加以个别指导的时候就可以采用这种讨论方式。

客户投诉处理

学习项目2

学习目标

- 能够正确说明对客户投诉的基本认识；
- 能够准确叙述客人投诉的类型与形式；
- 能够正确叙述处理客人投诉的步骤与方法；
- 能够准确阐述处理投诉的应对措施；
- 能够运用处理投诉的规范用语。

学习内容

一、客人投诉的基本认识

服务是酒店的主要产品，酒店通过销售服务、设施而赢利，宾客与酒店之间的被服务与服务的关系就是买和卖的关系。宾客以双方商定的价格来购买酒店的服务产品，当宾客认为所付出的费用与得到的服务产品质量不成正比，即认为所购买的酒店产品价非所值时，就会产生投诉。

（一）正确认识宾客投诉行为

1. 投诉是基层管理工作质量和效果的晴雨表，是提高基层管理质量的推动力

宾客投诉行为实际上是酒店基层管理质量的晴雨表，通过投诉，酒店管理人员可以及时发现自己发现不了的工作漏洞，并促使酒店及时堵塞漏洞、对症下药，解决可能是长期以来一直存在着的严重影响酒店声誉的工作质量问题。从投诉中吸取教训，为提高经营管理质量积累经验，使制度不断完善，服务接待工作日臻完美。即使是世界上最负盛名的酒店也会遇到客人投诉，而成功的酒店善于把投诉的消极面转化成积极面，通过处理投诉来促动自己不断改进，防止投诉的再次发生。正确认识宾客的投诉行为，就是不仅

要看到投诉对酒店的消极影响，更重要的是把握投诉所隐含的对酒店的有利因素，变被动为主动，化消极为积极。

2. 投诉是对整体工作系统的质量评价

投诉不仅仅意味着客人的某些需要未能得到满足，而且也是客人对酒店、对酒店员工服务工作质量和管理质量的一种劣等评价。对第一线服务而言，服务员在服务现场的工作质量与后勤部门工作质量协同一致，才能确保酒店产品的整体质量符合要求。无论前线或后勤部门，都会通过自己的工作与宾客产生直接或间接的沟通，是客人心目中的“酒店代表”。从前台部的行李员、接待员、总机接线生，到客房部的服务员、工程部维修人员、保安部保安员；从餐厅咨客、服务员到厨房各工序员工，到管事部、洗涤部各岗位人员，他们工作态度的好坏、工作效率、服务质量的高低直接影响到客人投诉行为是否产生。

3. 投诉是酒店挽回经济损失与应对危机的重要机会

宾客在酒店消费过程中不满、抱怨、遗憾、生气动怒时，可能投诉，也可能不愿去投诉。不愿投诉的客人可能是不习惯以投诉方式表达自己的意见，或者不认为投诉方式可以帮助他们解除、摆脱当前不满状况，得到自己应该得到的。还有一种可能是怕麻烦，认为投诉将浪费自己时间，使自己损失更大。这些客人尽管没有去投诉，但他们会在酒店通过其他途径来进行宣泄，或自我告诫以后不再到该酒店消费或向亲朋好友诉说令人不快的消费经历，而这一切都意味着酒店将永远失去这位客人，酒店就连向客人道歉的机会也没有了。

（二）客人投诉概念与价值

投诉是客人对酒店提供的服务设施、设备、项目及行动的结果，表示不满而提出的批评、抱怨或控告。

酒店应当正确看待客户投诉，不要把投诉看作是麻烦问题，而应当认识到投诉的收益价值。客户投诉的收益价值主要包括以下几个方面。

（1）客户投诉可使酒店及时发现并修正产品或服务中的失误，开创新的商机。

（2）客户投诉可使酒店获得再次赢得顾客的机会。

（3）客户投诉可以帮助酒店建立和巩固自身的形象。

（三）处理客人投诉原则

（1）欢迎与感谢的态度。

（2）站在客人的立场思考和表述。

（3）决不争辩。

（4）维护饭店应有的利益。

（5）变被动接受投诉为主动问候征询。

（6）能当场处理的尽可能当场解决。

（7）没有必要的不要主动向顾客留取电话。

（8）处理顾客投诉不要留尾巴。

（四）处理客人投诉态度

（1）友善及愿意协助的态度。

（2）要冷静，不要企图辩护或解释。

（3）用请、抱歉、请稍等婉转语气的词汇。

（4）处理不妥时立即寻求上级出面解决。

（5）不让顾客不高兴离开酒店。

二、酒店顾客投诉类型

酒店顾客投诉基本分为酒店与客人两方面原因，酒店方面的原因主要表现为消费环境、消费场所、设施设备未能满足客人的要求；员工业务水平低、工作不称职、工作不负责任、岗位责任混乱、经常出现工作过失；部门间缺乏沟通和协作精神，管理人员督导不力；对客人尊重程度不够；服务指南、宣传手册内容陈旧、说明不详实等。客人方面的原因表现为对酒店的期望较高，一旦现实与期望相去太远时，会产生失望感；对酒店宣传内容的理解与酒店有分歧；个别客人对酒店工作过于挑剔等。

（一）按照客人投诉内容分类与形式

1．投诉酒店工作人员服务态度

客人尊重需求强烈往往以服务态度问题作为投诉内容，虽然宾客消费经验不同、个性不同、心境不同，对服务态度的敏感度不同，但对服务员服务态度优劣的甄别评定及评价标准不会有太大差异。被投诉问题表现为以下几个方面。

（1）服务员待客不主动，给客人以被冷落、怠慢的感受。

（2）服务员待客不热情，表情生硬、呆滞甚至冷淡，言语不亲切。

（3）服务员缺乏修养，动作、语言粗俗，无礼，挖苦、嘲笑、辱骂客人。

（4）服务员在大庭广众中态度咄咄逼人，使客人感到难堪。

（5）服务员无根据地乱怀疑客人行为不轨。

2．投诉酒店服务效率

客人的投诉针对具体的事件如餐厅上菜、结账速度太慢；前台入住登记手续繁琐，等待时间太长；邮件迟迟未送达，耽误客人大事等。此类投诉的原因主要是酒店相关工作效率存在问题，可能加上客人性格急躁或心境不佳及个人事务紧急等，这也是客人投诉的主要类型之一。

3．投诉酒店设施设备

如客房空调控制、排水系统失灵，会议室未能配备所需的设备等问题发生，此类因酒店设施设备使用不正常、不配套，服务项目不完善而让客人感觉不便的情况，也是客人投诉的主要原因。

4．投诉服务方法

因酒店服务工作方法设计问题，对客人造成伤害或使客人蒙受损失，如夜间大堂地面打蜡时，不设护栏或标志，以致客人摔倒；因与客人意外碰撞而烫伤客人等。以上都是由于酒店工作制度流程或空间动线设计不合理问题，造成的客人投诉。

5．投诉酒店违约行为

酒店曾经做出的承诺未能兑现，或提供的服务产品与宣传展示不符，客人发现后会产生被欺骗、被愚弄、不公平的愤怒心情。如酒店未实现给予优惠的承诺，某项酒店接受的委托代办服务未能按要求完成或过时不候等，从而造成客人投诉。

6．投诉商品质量

酒店出售的商品包括客房和餐饮食品，如客房有异味，寝具、食具、食品不洁，食品未熟、变质，酒水系假冒伪劣品等，这些硬件环境与实物产品存在质量问题，一定会引起客人投诉。

（二）客人投诉的具体方式

1．直接向酒店投诉

客人认为是酒店未能满足自己的要求和愿望，令自己不满，直接向酒店投诉，并尽量争取挽回自身损失的行为。客人直接向酒店投诉是对酒店声誉影响最小的一种方式，酒店接受客人投诉能控制有损酒店声誉的信息在社会上传播，防止政府主管部门和社会公众对酒店产生不良印象。直接向酒店投诉的客人不管其投诉的原因、动机如何，都给酒店提供了及时做出补救、保全声誉的机会和做周全应对的时间。

2. 向旅行代理商、中介服务商投诉

由旅行代理商等介绍的客人，对酒店服务态度、服务设施的齐全、配套情况及消费环境等不满，不向酒店投诉，而是向旅行代理商投诉，并通过该投诉渠道争取有效的权益维护的行为。

3. 向消费者协会投诉

客人通过向消费者协会等投诉，以社会组织与社会舆论影响酒店对投诉处理的态度和解决投诉问题的方式方法。

4. 向工商、食品卫生、旅游等有关政府部门投诉

客人直接向酒店所在地方的工商、税务、卫生防疫、食品监督、旅游等行政机构投诉，通过政府部门干预形式解决诉求问题。

5. 向法院起诉酒店方式投诉

客人对酒店给自身造成的利益损失，依法向法院起诉，是酒店面临的最严重的投诉形式。

酒店应当正确认识客人投诉的积极意义，正确处理客人投诉，防止因不良信息传播而造成对酒店潜在客户、客人的误导。

（三）客人投诉表达方式

1. 理智型

这类客人在投诉时情绪显得比较平稳，他们力图以理智的态度、平和的语气和准确清晰的表达，向酒店受理投诉者陈述事件经过及自己的诉求。

2. 火爆型

这类客人很难抑制自己的情绪，在产生不满的瞬间就高声呼喊，言谈无忌，不留余地。对拖拉应付深恶痛绝，希望能干脆利落地彻底解决问题。

3. 痛心型

这类客人情绪起伏较大，愤怒、失望溢于言表，对自己遭受的损失痛心不已、无法忍耐，或是希望通过投诉能达到某种程度的补偿。

三、处理顾客投诉的步骤与方法

（一）处理顾客投诉步骤

（1）立即做出反应　处理顺序：员工（区域经理）——值班经理——总经理。

（2）保持信心和控制。

（3）将顾客带离人多的地方。

（4）致歉并弄清发生什么事。

（5）不要推卸责任。

（6）要立即解决。

（7）调查所汇报的问题，并追踪发展倾向，预防将来可能要发生的问题。

（二）遇到愤怒顾客的处理方法

（1）保持冷静。

（2）设身处地为顾客着想。

（3）花点时间聆听。

（4）找出投诉顾客的需要。

（三）处理投诉的一般程序

首先倾听客人诉说，如果确认问题较复杂，应按下列程序处理。

（1）请客人移步至不引人注意的一角，对情绪冲动的客人或由外地刚抵店的客人，应奉上茶水或其他不含酒精的饮料。

（2）耐心、专注地倾听客人陈述，不打断或反驳客人。用恰当的表情表示自己对客人遭遇的同情，必要时做记录。

（3）区别不同情况，妥善安置客人。对求宿客人，可安置于大堂吧稍事休息；对本地客人和离店客人，可请他们留下联系电话或地址，为不耽误他们的时间，请客人先离店，明确地告诉客人给予答复的时间。

（4）着手调查。必要时向上级汇报情况，请示处理方式，做出处理意见。

（5）把调查情况与客人进行沟通，向客人做必要解释。争取客人同意处理意见。

（6）向有关部门落实处理意见，监督、检查有关工作的完成情况。

（7）再次倾听客人的意见。

（8）把事件经过及处理结果整理成文字材料，存档备查。

（四）回应顾客投诉的方法

1. 引导顾客移至用餐区之外

顾客假使要表达不满或抱怨的话，如可能影响其他顾客用餐，应该引导顾客移至用餐区之外。

2. 首先应该仔细聆听顾客的意见，若有必要，可以做笔记

为了很好地了解顾客所提出的问题，倾听者要注意客人，不时地点头示意，让客人明白“值班经理在认真听取我的意见”。若遇上的是认真的投诉客人，在听取客人意见时，还做一些听取意见记录，以示对客人尊重及对客人反映问题的重视。

3. 以认真、严肃、负责的态度应答

为了使客人逐渐消气息怒，值班经理（或处理人）可以用自己的语言重复客人的投诉或抱怨内容。

4. 如果可以迅速解决的话，必须以最快的速度设法解决

在处理顾客投诉时，要完全理解和明白客人为什么抱怨或投诉；同时，当你决定要采取行动纠正错误时，要让客人知道并同意你所采取的处理决定或措施。如果客人不知道或不同意你的处理决定，就不要盲目采取行动。首先，要十分礼貌地通知客人，你将要采取的措施，并尽可能让客人同意，这样你才有机会使客人的抱怨变为满意，并使客人产生感激的心情。

5. 向投诉顾客诚意致歉

假使顾客的不满证实是因我们的疏忽而发生的话，必须以最大的诚意致歉；要承认客人投诉的事实，不可以找借口推托，更不能反唇相讥。向顾客道歉要有诚意，要理解顾客的心情。

6. 事态严重反映给酒店经理

如果事态十分严重，应该反映给酒店经理知道，同时记录在联络簿里，使其他的同仁都能够注意到这个问题。

7. 不可轻率答应

自己无法判断或处理的问题，不可以轻率地答应。因此，不能使用“我们会负起全部的责任”等一类的用语。

8. 追踪落实对投诉顾客的承诺或采取的措施

投诉客人的最终满意程度，主要是取决于对他投诉后的特殊关怀和关心程度，对待投诉客人的最高恭维，莫过于对他的关心。因此我们必须体现出对顾客的真诚歉意，落实对顾客的承诺和采取的措施，这样才能使投诉处理

获得良好的效果。

9. 感谢客人的批评指教

假若客人遇到不满意的服务，不告诉我们，不作任何投诉，也不是好事，一方面他会讲给他的家人和朋友听，影响酒店的潜在客源市场，影响酒店的声誉；另一方面，他如果不提出来，我们也许不能发现错误，更不能重视并去改正，这样就会影响我们的服务质量。为此，当遭到客人批评、抱怨甚至投诉的时候，不仅要欢迎，而且要感谢，要相信客人包括那些投诉的客人，都是有感情的，绝大多数是通情达理的。我们可以把客人的投诉和抱怨当作是一次争取忠诚顾客的机会，用诚实、细腻的感情和勤奋、努力的服务来获取广泛赞誉并提高社会名气。

10. 处理顾客投诉时要随机应变，灵活处理（不能让我们的顾客感到过于圆滑和推托）

在处理投诉的过程中，我们会遇到不同类型的客人，应随机应变，灵活处理。例如，处理发怒型客人投诉一定要保持冷静，态度要沉着、诚恳，语调要略低，要和蔼、亲切，因为你的举动会影响客人。你要让客人慢慢静下来，一般来讲，发怒型客人平静下来需要2分钟左右，在这段时间里，主要听取客人述说问题；再则就是表示歉意。在客人平静下来以后，他自然会主动要求你谈谈处理意见，这时让客人得到安慰和适当补偿一般都可以解决问题。

四、处理顾客投诉的措施

（一）点单错误（漏、缺、错）

漏、缺是造成了交付顾客的产品不足，错是指给付项目有误，如冷饮和热饮，堂吃与外带，生打包与熟打包等错误。

首先向顾客致歉，然后立刻补充不足的产品种类与数量或及时纠正更换。如果是外带的顾客电话投诉的，应补送上门，并致歉。

（二）等候时间过长

向顾客致歉，并说明为维护服务质量，准备工作在您下单后开始，需要一定的时间。同时提醒员工客人已等候很久，尽快为顾客递上产品。

（三）洗手间不卫生

如有顾客反映洗手间不整洁，管理人员应该立刻做出下列处理。

（1）向顾客致歉。

（2）说明“很抱歉让您觉得洗手间不干净，我们会马上派人去清理，下次我们会更加注意。”

（3）立即派其他人员清洁洗手间。

如果有顾客反映店里有苍蝇，蚊虫出现，参照以上处理方式。

（四）产品的品质问题

（1）一般发生食品品质问题时必须向顾客说明：“真的十分抱歉，我们难免会发生疏忽，为您更换新品，希望您能继续支持”。然后立刻为顾客换上新品。

（2）在向顾客致歉说明后，顾客不同意我们为他更换新品的处理。值班经理可做出退货处理。

（3）如果顾客仍不同意你做出退货的处理意见，在向顾客再一次道歉并做出说明后尽量争取顾客的谅解。如果质量问题严重可做出按该商品的价值双倍退货的处理决定。

（4）如碰到难缠的顾客，尽力仍不能取得他的谅解，可以通过消费者协会出面解决：一是提议或放任顾客请消协出面解决；二是遇到无理的顾客，提出无理要求，影响正常营业，扰乱正常经营，可拨打“110”，向警察提出求助。但这必须是在不得已的情况下所采取的行动。

（五）收银差错

收银差错一般是收银员找错零钱或认为是假币。此类投诉应该向值班经理报告，由值班经理出面处理，服务员不可以擅自交付零钱给顾客，值班经理在处理时，应分析情况，按具体情况做出判断，确定如何处理。

五、处理顾客投诉规范用语

（1）我非常理解您的心情，请放心，我们一定会查证清楚，给您一个满意的答复。

（2）我真的很能理解，请放心，我们一定查证清楚，然后给您回复。

（3）您好，给您带来这么多的麻烦实在是非常抱歉，如果我是您的话，我也会很生气的，请您先消消气给我几分钟时间给您说一下这个原因可以吗？

（4）给您造成的不便非常抱歉，我们的心情跟您一样。

（5）您对我们业务这么熟，肯定是我们的老客户了，不好意思，我们出现这样的失误，太抱歉了。

（6）这样做主要是为了保护您的利益。

（7）我知道您一定会谅解的，这样做就是为了确保像您一样对我们酒店有着重要意义的忠诚顾客的权益。

（8）非常感谢您这么好的建议，我们会向上反映，因为有了您的建议，我们才会不断进步。

（9）谢谢您的理解和支持，我们将不断改进服务，让您满意。

（10）这次给您添麻烦了，其实，我们也挺不好意思，您所说的情况我们将记录下来，并反馈给相关部门，会尽可能避免问题的再次出现等。

（11）谢谢您对我们反映，我们会加强工作的培训，也欢迎您对我们的工作随时进行监督。

（12）非常感谢您提供给我们的宝贵建议，有您这样的客户是我们店铺的荣幸。

（13）我很能理解您的想法，但非常抱歉，您的具体要求我们暂时无法满足，我会先把您遇到的情况，反馈给相关部门，查证后再与您联络好吗？

（14）您说的这些，确实是有一定的道理，如果我们能帮您一定会尽力，不能帮您的地方，也请您谅解。

（15）您是我们的客户，尽量让您满意是我们的工作要求，不好意思，您说的这些，确实是有一定的道理，如果我们能帮您，一定尽力，不能帮您的地方，也请您谅解。

（16）您好，为了方便您了解（记忆），我现在将该内容通过短信（邮件）发给您，请您留意查询。

（17）因涉及的内容较多，具体内容我会通过邮件方式发给您详细了解，好吗？

（18）由于查询数据需要一些时间，不好意思要耽误（您）一点时间。

（19）感谢您耐心的等候。

（20）请问您方便提供具体情况吗（发生的详细地址、时间、现象等）？我们给您记录，方便我们尽快查询处理，感谢您的配合！

（21）您的提议我很认同，我会记录下来，希望能够尽快实施敬请留意！非常感谢您的宝贵意见。

（22）非常抱歉，给您造成不便，出现此情况肯定是某个环节出现了问题，您可以放心，如果是我们的问题，我们一定会负责到底，给您一个说法。

（23）如果您对我的解释不满意，可以提出您的建议，以便我以后改善？（面对与客户陷入僵局时）。

（24）没关系，我只是担心您会错过这些优惠，等您下次有更好的建议时／以后我们有其他活动时，我们再联系您？

（25）我们会将您反映的问题与相关部门联系，请您留下联系电话，我们将在*小时内给您答复。

（26）也许我说的不够清楚，请允许我再解释一遍。

（27）请告诉我们您的想法，我们很乐意聆听您的意见。

（28）您是我们信用度非常好的客户，我们会第一时间帮助您！

（29）希望下次有机会再为您服务！

项目任务训练

案例分析讨论

A先生是某饭店一位老客户，他十分偏爱自己常住的某饭店且与饭店上上下下的工作人员都很亲热友好。一天，他和往常一样，因商务出差，来到了某饭店。如果是平时，A先生很快就能住进客房，但是，正在饭店召开的一个大型会议使得A先生不能马上进房，服务员告诉他，到晚九点可将房间安排好。A先生只好到店外的一家餐厅去用餐。由于携带手提包不方便，他顺便来到前台，没有指定哪一位服务员，和往常一样，随随便便地说他把手提包寄存在他们那里，晚上十点以前来取，请他们予以关照。当然，没有拿收条或牌号之类的凭证。当A先生在晚上十点前回到饭店吩咐服务员到大堂帮他取回手提包时，大堂经理却说找不到，并问A先生的存牌号是多少？A先生讲，同平时一样，他没拿什么存牌。第二天，尽管饭店竭尽全力，却仍未找到。于是A先生突然翻脸，声称包内有重要文件和很多现金，也要求饭店处理有关人员，并赔偿他的损失。

请根据上述内容完成处理方案报告，在学习小组交流。

要求组成学习小组，完成课堂讨论

1．学习小组讨论的规则

在独立思考后，仍有疑惑需要解决，先是一帮一，两人间的讨论，如还有困难，再扩展为4人或5人间的讨论。如遇到较难的问题记录下来，班级讨论。

2．学习小组讨论的形式

（1）自由发言式　学生可以在小组中自由发言，同学们各抒己见。

（2）轮流发言式　小组成员围绕一个中心问题挨个发言，一人不漏。

（3）一帮一讨论式　当部分学生在难题面前尽最大努力也不能解决，而教师又无法加以个别指导的时候就可以采用这种讨论方式。

工作时间管理

学习项目3

学习目标

- 能够正确阐述时间价值概念；
- 能够准确叙述时间管理概念；
- 能够准确叙述时间管理的方法。

学习内容

一、时间价值概念

（一）时间价值

时间价值，是一小时或一日的单位时间所产生的价值。在某时间内所获得的价值总量（生产量、利益额）等，以下列公式表示：

价值量（v）＝时间价值（q）×时间（t）

对时间价值，以物理学方式表示：

工作效率＝力×距离÷时间（某时间内的工作量）

通过公式可以说明：工作及人的一切活动，从时间观点衡量，发生的价值v，等于时间价值 q 乘以时间 t。

效率会带给时间 t、时间价值 q 很大的影响。效率，常以“外部效率”或“钟表效率”称呼。信息化、技术革新、合理化、系统化、标准化，是由人的外部对环境加以改善，使钟表效率提高，同时，也使钟表时间产生的时间价值增大。工作效率化，将8小时的工作时数，以5小时完成，则节约了3小时。如此，效率提高五分之三，也就是百分之六十的工作效率。

实存效率，并非由人的外部产生，而是由内部发生。生存构造、实存深度、充实度、判断力、集中力，都能对时间产生作用，使实存效率提高，同时时间价值也随之增大。

（二）时间价值计算

1．成本价值法

成本价值法即年薪（或年度人工成本总额）与工作时间之比。每周工作五天，每天工作7个小时，每年就是242个工作日，合计1694小时（表2–4）。

表2–4　成本价值计算表

年薪/元	每天的价值/元	每小时的价值/元	每分钟的价值/元
15000	62.0	8.86	0.15
25000	103.3	14.76	0.25
35000	144.6	20.7	0.34
45000	186.0	26.6	0.44
55000	227.3	32.5	0.54
65000	268.6	38.4	0.64
75000	309.9	44.3	0.74
85000	351.2	50.2	0.84
100000	413.2	59.0	0.98

2．收入价值法

收入价值法即销售目标（年销售额或年利润额）与工作时间之比（表2–5）。

表2–5　收入价值计算表

销售额/万元	每天的价值/万元	每小时的价值/万元	每分钟的价值/万元
10000	4.13	0.59	0.0098
5000	20.66	2.95	0.049
10000	41.3	5.9	0.098
20000	82.6	11.8	0.2
50000	206.6	29.5	0.49

（三）时间价值计算启示

1. 一寸光阴一寸金，寸金难买寸光阴

时间就是金钱，浪费时间，就意味着增加成本，减少利润。浪费的时间，无法弥补。

2. 价值是时间积累

价值是通过每一分钟、每一小时、每一天的努力工作生产的。一天浪费1～2小时，意味着在其他时间中价值创造的效率要提高10%～30%，这显然是十分困难的。

3. 浪费时间等于浪费金钱

通过上面的两种时间价值计算方法可以看出：浪费了多少时间，就是浪费了多少钱。

4. 时间需要规划

进行时间规划，才能使宝贵的、有限的时间用在可以产生最大收益的活动上。

二、时间管理概念

时间管理并不是指以时间为对象而进行的管理。由于时间总是按着一定的速率光临，并且按照同一速率消失，所以时间本身是无法管理的。

时间管理正确涵义是指管理者对时间资源在工作中的效率进行管理。一般情况下，由于管理者不能理解时间具有“供给毫无弹性”“无法蓄积”“无法取代”“无法失而复得”等特性，因此，时间的浪费比其他资源的浪费更为普遍和更加严重。

所谓时间的浪费，指对实现目标毫无贡献或贡献的时间消耗。管理者应该对时间进行管理，以便克服时间的浪费，这就需要管理人员建立正确的时间观念，培养克服时间误区的技能。

（一）“80/20”原理

意大利经济学家兼社会学家维弗烈度·柏瑞图所提出：在任何特定群体中，重要的因子通常只占少数，而不重要的因子则占多数，因此只要能控制具有重要性的少数因子即能控制全局。这个原理经过多年的演化，已变成当今管理学界所熟知的“80/20”原理——即百分之八十的价值是来自百分之二十的因子，其余的百分之二十的价值则来自百分之八十的因子。举例说明如下：

（1）80%的销售额是源自20%的顾客。

（2）80%的病假是由20%的员工所占用。

（3）80%的档案使用量集中于20%的档案。

（4）80%的菜是重复20%的菜式。

（5）80%的垃圾是源自20%的地方。

（6）80%的看电视时间花在20%的节目上。

（7）80%的阅读的书籍都是取自书架上20%的书籍。

（8）80%的看报时间都花在20%的版面。

（9）80%的电话都是来自20%的发话人。

（10）80%的外出吃饭都前往20%的餐馆。

（11）80%的讨论都是出自20%的讨论者。

（12）80%的教师辅导时间都被20%的学生所占用。

“80/20”原理对管理者的时间使用者的一个重要启示便是：避免将时间花在琐碎的多数问题上，因为就算你花了80%的时间，你也只能取得20%的成效：你应该将时间花于重要的少数问题上，因为掌握了这些重要的少数问题，你只花20%的时间，即可取得80%的成效。

（二）工作性质分析

1. 工作紧急性分析

（1）目的　分析每天（每周、每月）的工作紧急程度，根据紧急程度安排工作的先后顺序。

（2）工具　运用“工作紧急性分析表”，如表2-6所示。

表2-6　工作紧急性分析表

姓名：　　日期：　年　月　日

紧急性工作事项	非常紧急（马上要做）	紧急（短时间内要做）	不很紧急（可从长计议）	不紧急（无时间要求）

续表

紧急性 工作事项	非常紧急 （马上要做）	紧急 （短时间内要做）	不很紧急 （可从长计议）	不紧急 （无时间要求）
频次				
时间				
备注	（1）将工作事项的紧急性分为四档 非常紧急，马上要做；紧急，短时间内要做（一般是当天要做的）；不很紧急，可从长计议（可以纳入计划中做）；不紧急 （2）统计“频次” 即不同紧急程度的工作事项各占多少（每天或每周或每月） （3）统计“时间” 即完成不同紧急程度的工作事项所占用的时间			

（3）启示

① 统计你每日、每周、每月最紧急的是哪三项工作？

② 非常紧急的工作事项，如果频繁发生，即应考虑授权式管理。制度、营销策略、产品品质等重大问题，与时间无关。

③“紧急事项”越多，时间管理问题越大。

④ 对于“紧急”“非常紧急”和“不紧急”事项，时间比重越大，时间管理问题越大。

⑤ 除“非常紧急”之外，要分析所谓“紧急”事项是否真的那么急。

2. 工作重要性分析

（1）目标　分析每天（每周、每月）的工作重要程度，根据重要程度安排工作的用时。

（2）方法　运用"工作重要性分析表"，如表2–7所示。

表2–7　工作重要性分析表

姓名：　　　　　　　　日期：　年　月　日

重要性 工作事项	非常重要 （绝对要做）	重要 （应该做）	不很重要 （可做可不做）	不重要 （可不做）
频次				
时间				
备注	（1）将工作事项的重要性分四档　非常重要，绝对要做（即其他事情都可以不做，也要做的事项）；重要，应该做（不做就要出问题）；不很重要，可做可不做（做比不做好一点）；不重要，可不做（做也不见得好） （2）统计"频次"　即不同重要程度的工作事项各占多少（单位：日、周、月） （3）统计"时间"　即完成不同重要程度的工作事项所占用的时间			

（3）启示

① 你每日、每周、每月最重要的是哪三项工作？

② 非常重要的工作，如果很紧急，则与时间管理无关。

③ 重要的工作事项所占时间越多，时间管理就越合理。

④ 一定要消除"不重要"的工作事项，通过授权压缩"不很重要"的工作事项。

⑤ 特别注意对“重要”的工作事项进行分析。

3. 会议分析

（1）目的　分析会议的必要性及其浪费、拖延的原因，寻求相应的解决办法。

（2）方法　运用“会议分析表”，如表2-8所示。

表2-8　会议分析表

姓名:　　　　日期:　　年　　月　　日

日期	
会议名目	
会议决议	
计划用时	
实际用时	
原因分析	
会议必要性评估	必须的 目的明确的 目的不明确的 可不开的
会前准备	有无会议计划、目标、议程，时间安排 时间和地点是否恰当 参加人是否适当和必须
分析会议过程	是否准时开会？为什么 是否跑题 是否按计划进行 秩序是否正常 是否有人中途出去 是否按时结束
会后分析	会议纪要有没有？发给与会者没有 会议决议的执行情况 会议必要性评估

（3）会议分析法的启示

① 根据统计，职业经理用于会议的时间约占工作时间的20%，如何利用好这20%的时间，是时间管理的重要内容。

② 职业经理自行主持召开的会议主要有“部门例会”“业务总结会”“专题讨论会”等。对于自己可以决定是否召开的会议，一定要事先评估开会的必要性。

③ 事先准确通知参会人员，即使部门里只有几个人或十几个人。最好养成以简明的书面形式通知大家会议计划，而不要简单一句“下午开会”就把大家召集起来。

④ 严格会议纪律。

⑤ 参加别人召集的会议，可请求召集人确认会议规则，以免浪费时间。

三、时间管理的方法

视时间为中性资源，犹如人力资源、财力资源、物力资源与技术资源那样，将有助于管理者切实把握“现在”，而不致迷失于“过去”或“未来”。但这并不意味着“过去”与“未来”不重要。“过去”犹如一面镜子，它足以令管理者认清自己以免重蹈覆辙；“未来”是“现在”努力的导向与终结。不过，只有“现在”才是管理者可以采取行动的唯一时间。世界上的所有成就都是“现在”所塑造的。因此，管理者应能汲取“过去”，把握“现在”，放眼“未来”。

（一）做好工作计划

1. 管理者不做计划的主要原因

（1）因过分强调“知难行易”而认为没有必要在行动之前多做思考。

（2）不做计划也能获得实效。

（3）不了解做计划的好处。

（4）计划与事实之间极难趋于一致，故对计划丧失信心。

（5）不知如何做计划。

2. 计划拟订的步骤

（1）步骤一　确立目标。确立良好的目标原则。

① 目标必须是你自己的。

② 目标必须切合实际。

③ 目标必须用书面形式列明。

④ 目标必须具体而且可以衡量。

⑤ 目标必须具有期限。

⑥ 目标之间必须相互协调。

（2）步骤二　探寻完成目标的各种途径。

（3）步骤三　选定最佳的途径。

（4）步骤四　将最佳的途径转化为每周或每日的工作事项。

（5）步骤五　编排每周或每日的工作次序并加以执行。

（6）步骤六　定期检查目标的现实性以及完成目标的最佳途径的可行性。

3. 提前编制“每日工作计划表”

管理人员原则上应该在前一工作日接近终了时编好每日工作计划。原因包括以下几个方面。

（1）在编制次日的工作计划前，管理者可以顺便简要地检查一下当天的工作情况。如今天哪些事做对了？哪些事做错了？事情是否在自己掌握下进行？如何使明天的工作做得更好？这一番检查将有助于编排次日的工作。

（2）事先编好工作计划可使自己在心理上处于安稳的状态。假如该工作计划是在前一天编妥，则可利用上班途中对其恰当性作进一步的斟酌。这样，当自己一走进办公地点即能胸有成竹地着手工作。

（3）事先编好的“每日工作计划表”可以作为权衡偶发事件的依据。例如工作途中某一事件突然发生，这个时候管理者应该先考虑该突发事件是否比自己预先拟定的工作更重要。倘若答案是肯定，那么管理者应毫不犹豫地去处理这一突发事件。倘若答案是否定的，则管理者可设法拒绝或延迟处理。

“每周工作计划表”及“每日工作计划表”中可设一栏填写履行各项工作的优先次序。该优先次序编排是否合理对管理者能否有效地实现目标具有决定性的作用。

（二）拒绝接受请托

一般管理者随时可能面临来自部属、上司、其他同级的管理者，或是组织以外的人士的请托。请托引起的困扰是管理者日常工作中最重要的时间问题因素。

1. 拒绝接受请托的重要性

（1）“拒绝”是一种“量力”的表现。有些请托若由他人承受可能比自己承受更为恰当。

（2）拒绝是保障自己行事优先次序的最有效手段。倘若因勉强接受他人的请托而扰乱自己的步伐，结果将无异于根据他人的行事优先次序而生活，或是根据他人的节奏办事，这是不合理的。

2. 请托的基本类型

（1）职务所系而责无旁贷的。

（2）请托本身虽然也是职务所系，但却是不合时宜或是不合情理的。

（3）无义务予以履行的。

3. 管理者难以拒绝请托的原因

（1）接受请托比拒绝请托更为容易。

（2）担心拒绝请托后将触怒请托者从而导致请托者的报复。

（3）想做一位广受爱戴的好人。

（4）不了解拒绝他人请托的积极性。

（5）不知如何拒绝他人的请托。

4. 拒绝接受请托的要领

（1）要耐心倾听请托者所提出的要求。这样做，为的是确切地了解请托的内涵，以及表示对请托者的尊重。

（2）如你无法当场决定接受或拒绝请托，则要明白地告诉请托者你仍要考虑，并确切地指出你所需要的考虑时间，以消除对方误以为你是在以考虑作挡箭牌。

（3）拒绝接受请托的时候，应显示你对请托者的请托已给予庄重的考虑，并显示你已充分了解到这种请托对请托者的重要性。

（4）拒绝接受请托时，在表情上应和颜悦色，并略表歉意。

（5）拒绝接受请托时，应显露坚定的态度。

（6）拒绝接受请托者，最好能对请托者指出拒绝的理由。例如偶尔对频频请托的人和颜悦色地说“真抱歉，这一次我将无法效力，希望你不介意”，相信不至于产生不良的后果。

（7）要令请托者了解，拒绝的是他的请托，而不是他本身。拒绝是对事而不对人的。

（8）拒绝接受请托之后，如有可能你应为请托者提供处理其请托事项的其他可行途径。

（9）切忌通过第三者拒绝某一个人的请托。

（三）树立轻重缓急的处事习惯

典型的拖延案例：

某天清晨，张三于上班途中，信誓旦旦地下定决心，一到办公室即着手草拟下年度的部门预算。他很准时地于九点整走进办公室。但他并不立刻从事预算的草拟工作，因为他突然想到不如先将办公桌以及办公室整理一下，以便在进行重要的工作之前为自己提供一个干净与舒适的环境。他总共花了三十分钟的时间，才使办公环境变得有条不紊。他虽然未能按原定计划于九点钟开始工作，但他丝毫不感到后悔，因为三十分钟的清理工作不但已获得显然可见的成就，而且它还有利于以后工作效率的提高。他面露得意神色随手点了一支香烟，稍作休息。此时，他无意中发现报纸上的彩色图片十分吸引人，于是情不自禁地拿起报纸来。等他把报纸放回报架，已经十点钟了。这时他略感不自在，因为他已自食诺言。不过，报纸毕竟是精神食粮，也是沟通媒体，身为企业的部门主管怎能不看报，何况上午不看报，下午或晚上则非补看不可。这样一想，他才稍觉心安。于是他正襟危坐地准备埋头工作。就在这个时候，电话声响了，那是一位顾客的投诉电话。他连解释带赔罪地花了二十分钟的时间才说服对方平息怨气。挂上了电话，他去了洗手间。在回办公室途中，他闻到咖啡的香味。原来另一部门的同事正在享受"上午茶"，他们邀他加入。他心里想，预算的草拟是一件颇费心思的工作，若无清醒的脑筋则难以胜任，于是他毫不犹豫地应邀加入，就在那儿言不及意地聊了一阵。回到办公室后，他果然感到神采奕奕，满以为可以开始致力于工作了。可是，一看表，已经十点三刻！距离十一点的部门联席会议只剩下十五分钟。他想：反正这么短的时间内也办不了什么事，不如干脆把草拟预算的工作留待明天算了。

1. 管理者决定事情次序的误区

（1）先做喜欢做的事，然后再做不喜欢做的事。

（2）先做熟悉的事，然后再做不熟悉的事。

（3）先做容易做的事，然后再做难做的事。

（4）先做只需花费少量时间即可做好的事，然后再做需要花费大量时间才能做好的事。

（5）先处理资料齐全的事，然后再处理资料不齐全的事。

（6）先做已排定时间的事，然后再做未经排定时间的事。

（7）先做经过筹划的事，然后再做未经筹划的事。

（8）先做别人的事，然后再做自己的事。

（9）先做紧迫的事，然后再做不紧要的事。

（10）先做有趣的事，然后再做枯燥的事。

（11）先做易于完成的整件事或易于告一段落的事，然后再做难以完成的整件事或难以告一段落的事。

先做自己所尊敬的人或与自己有密切的利害关系的人所拜托的事，然后再做自己所不尊敬的人或与自己没有密切的利害关系的人所拜托的事。

先做已发生的事，后做未发生的事。

2. 各级管理者采取的办事次序

（1）重要且紧迫的事。

（2）重要但不紧迫的事。

（3）紧迫但不重要的事。

（4）不紧迫也不重要的事。

管理者应按事情的“重要程度”编排行事的优先次序。所谓“重要程度”，即指对实现目标的贡献大小。对实现目标越有贡献的事越是重要，它们越应获得优先处理；对实现目标越无意义的事情，越不重要，它们愈应延后处理。事情的“缓急程度”是任何一位管理者所不容忽视的，但是在考虑事情的“缓急程度”之前，应先衡量它的“重要程度”。在多数情况下，愈是重要的事偏偏愈不紧迫。例如参加管理技能训练，向上级提出改进营运方式的建议；培养接班人；甚至管理者个人的减肥、戒烟、身体检查、补牙、立遗嘱等计划都是重要的，但却不是紧迫的事。它们往往因不具紧迫性而被无限期地延迟办理。许多紧迫的事，往往不具重要性。例如不速之客的拜访、外来的电话等皆是。

业务报告的编制就是一个典型的实例。任何一位管理者都承认，业务报告的编制是极其紧要的事。但若现在距离提出业务报告的截止日期尚有两个月时间，则一般管理者大概不会将它视为今天“应该”做的事，更不会将它视为今天“必须”做的事，而极可能将它视为今天“可以”做的事。既然它是“今天可以做的事”，它也是“今天可以不做的事”，因此，它将不断地被拖延下去。直到截止日期之前数天，这些管理者才如临大敌般地处理“紧急事件”。结果不是迟交了业务报告，就是草率地应付了事。经过了这一番挣扎之后，这些管理者可能信誓旦旦地下定决心，下一年度的业务报告将提早准备。但是除非他们能彻底改变按“缓急程度”办事的习惯，否则到了下一年度他们仍将重蹈覆辙。

管理者不应全面否定按事情的“缓急程度”办事的习惯。在此需要强调的是，在编列行事次序时应先考虑事情的“轻重”，然后再考虑事情的“缓急”。

项目任务训练

案例分析讨论

在某一个极度繁忙的下午，某一女职员突然要求告假两小时回家，因为家具店将送一批家具到家里，她必须回家开门并点收。面对着这种情况，你将会取下面两种对策之一：

第一、断然拒绝这种不合时宜的要求，而不理会她的感受；

第二、因担心触怒她，或是想充好人而勉强接受她的要求。

请分析对策并作说明报告，在学习小组交流。

要求组成学习小组，完成课堂讨论

1．学习小组讨论的规则

在独立思考后，仍有疑惑需要解决，先是一帮一，两人间的讨论，如还有困难，再扩展为4人或5人间的讨论。如遇到较难的问题记录下来，班级讨论。

2．学习小组讨论的形式

（1）自由发言式　学生可以在小组中自由发言，同学们各抒己见。

（2）轮流发言式　小组成员围绕一个中心问题挨个发言，一人不漏。

（3）一帮一讨论式　当部分学生在难题面前尽最大努力也不能解决，而教师又无法加以个别指导的时候就可以采用这种讨论方式。

学习单元三

工作计划管理能力

单元导学

本单元是管理工作计划的基本任务，其必备技能项目主要包括年度经营计划、年度人力资源计划以及年度资本性投资计划等基础技能，酒店督导级管理者能够应用这些工作技能，应对完成年度工作计划内容安排等工作需要，是酒店管理工作的基础保障。

年度经营计划

学习项目1

学习目标

- 能够正确阐述年度经营推广计划概念与编制流程；
- 能够使用年度经营推广计划规范内容完成计划编制报告。

学习内容

一、年度经营推广计划概念

年度经营推广计划是酒店以年度为时间单位，计划进行的经营推广项目安排，包括市场定位、竞争分析、经营设计、推广计划等。这里的年度经营推广计划是指酒店部门年度经营推广计划，即以部门为单位，对本部门系统的经营推广计划。

部门年度经营推广计划通常由部门负责人主持，组织部门各班组及重点部位人员研究汇总，以表格文本形式，按照规定要求时间报酒店总经理办公室。

制订酒店部门经营推广计划是酒店中基层管理人员重要的工作任务，掌握相关方法是管理人员的基本管理技能。

二、酒店计划管理概念

酒店计划管理就是酒店通过周密地、科学地调查研究，分析预测，并进行决策，以此为基础确定未来某一时期内酒店的发展目标，并规定实现目标的途径方法的管理活动。

酒店计划管理包含两个阶段的内容，即对计划编制本身的管理和实施计划的管理，包括四个基本要素，如表3–1所示。

表3–1 酒店计划管理的四个基本要素

预测市场和社会要求变化	计划管理强调和重视对未来环境变化的分析预测工作。对酒店经营来讲，市场需求及其变化趋势是分析、预测的中心内容。在经济快速发展和外部环境多变的时代，市场需求预测是制订酒店计划的直接和主要根据。重视和搞好预测是提高计划工作水平和经济效益的重要保证
确定计划目标和经营政策	计划目标通常是指管理对象最终应达到的状态。计划目标应建立在科学预测分析基础上，计划目标决定着各种管理活动的内容，决定着管理方式方法的选择和管理人员的挑选等 经营政策，一般指管理过程中的战略性和策略性规定，它决定着管理过程的发展轨道。良好经营政策和策略是实现计划目标的保证
设计和选择经营方案	计划必须具有可行性。计划管理就是要选择、优化经营方案，以便更有效地实现计划目标
设计的目的性	制订计划和实行计划管理，其目的在于提高管理工作的预见性，减小经营风险，提高经济效益。酒店经营管理活动效益的高低，是判断计划工作水平的最终标准

三、酒店计划管理的重要性

计划管理对酒店的经营业务活动具有指导、规范和控制作用，科学的计划管理是保证酒店实现科学管理的必要条件。

（一）计划管理是酒店管理的首要职能

在酒店管理各职能中，决策和计划是首要职能。决策和计划为其他各职能的发挥提供了目标和纲领，为发挥各职能的作用提供了依据。不管哪个管理职能，也不管各职能如何发挥作用，只要离开了决策和计划，都将是无的放矢。

（二）计划管理是酒店管理的客观要求

1. 确定酒店统一行动的目标

计划管理通过确定酒店的经营管理目标，为酒店内各个部门、各个环节以及各位员工的工作或行动指明了方向，明确了责任，有利于相互之间的沟通与协调。尤其是酒店的管理者和员工分布在不同的部门工作，一般都只注意自己部门的利益，很少考虑酒店的整体利益。一个完整的计划能让大家充分了解全酒店的利益，增强全局观念，相互配合，协调各部门的工作，最终实现酒店的目标。计划同时也明确了各自的责任，减少了工作分配上的重叠和浪费，有利于组织好工作。

2. 有效利用酒店的各种资源

酒店的人、财、物等资源都是有限的，要发现更多的降低成本、增加利润的机会，真正做到人尽其才、物尽其用，就必须实行全面计划管理。全方位、全过程、全员参与的计划管理可以使酒店对所拥有的人力、物力、财力和信息资源等进行合理而有效地调配与组合，减少资源的浪费，使酒店的经营管理活动高效、协调地开展，形成尽可能强的接待能力，并实现酒店的效益最大化。

3. 增强酒店的环境适应能力

客观环境是不断变化的，计划可以通过促使管理者具有前瞻性来降低不确定性。一个成功的企业，通常都具有比竞争者更强的适应能力和应变能力。计划在确定酒店的目标时也规定了实现目标的途径和方法，这些途径和方法充分考虑了酒店内外环境的变化及其趋势，使酒店在市场竞争日趋激烈、客人需要日益多变的环境中，求生存图发展，变被动为主动，增强了酒店的应变能力。

4. 设定酒店控制管理的标准

计划设定了目标和标准，这些目标和标准可以用于控制管理。如果酒店的管理者不能确定酒店试图实现什么，那么怎样判断是否实现了它们呢？计划为控制提供了理想的标准，使管理者能用适当的标准去检验工作的好坏。酒店经营中会遇到一些意料之外的问题，使人措手不及，扰乱正常工作，计划可以促使管理者全面思考实现目标过程中会遇到哪些事，预测出未来的一些不确定因素，对处理紧急情况和重大事件就有了充分的准备，能及时应付，控制住局面。因此，没有计划是不可能进行有效控制的。

四、酒店计划管理的任务

（一）分析和预测酒店未来的变化

酒店应综合酒店内外环境条件，对市场进行科学的预测，通过市场调查来掌握市场状况和发展趋势，了解顾客需求和客源变化，对酒店的条件进行理性的分析，把综合预测的结果和酒店的内部条件有机地结合起来，为确定酒店的计划目标创造条件。

（二）以财政预算为基础，确定酒店计划目标

酒店应对计划资料、国家政策和企业经营方针进行对比分析，确定酒店各部门在市场开发、产品销售收入、成本、费用和利润等方面的长期计划、中期计划和近期计划，并且应提出酒店在计划年度各阶段的目标。

（三）拟订实现计划目标的方案

对计划目标进行可行性分析和经济论证，从多个方案中选出最优的行动方案和主要的措施，确定最优的实现目标的途径。

（四）合理配置资源，搞好综合平衡

计划管理要合理地配置资源，就要与管理的组织职能有机地结合起来，对各部门为达到目标所需要的劳动量做出测算。经过实际测算，得出各部门所需劳动要素的精确量。在取得数据的基础上，进行人、财、物的分配。在劳动量的实际组合与分配上，各部门由于利益的关系会产生许多矛盾和不平衡，只有通过计划管理，在各部门提出合理的量的基础上才能保持各部分的平衡。酒店要充分调动各级管理人员、各部门、各环节的积极性，保证计划任务能够顺利完成。

（五）检查计划的执行情况

检查、监督是计划职能和控制职能的交接面。酒店管理者应有一套反馈控制系统，及时检查反馈计划的执行情况，在操作中给予必要的指导，对偏差和意外情况及时进行调整和纠正，使酒店计划在新的已经发生变化的情况下依然能指导酒店的经营业务活动。

五、部门年度经营计划编制内容

（一）概要

阐述酒店所在城市的地理位置，经济状况，周边情况，发展方向。

（二）总体目标

阐述本部门的总体目标。

（三）市场定位

1. 消费对象（表3–2）

表3-2 各部门消费对象定位（样例）

餐厅名称	消费对象
中餐厅	
西餐厅	
宴会厅	
酒吧	

2. 消费水平（表3–3）

表3-3 各部门顾客消费水平定位（样例）

西餐厅	早餐人均消费：
	午餐人均消费：
	晚餐人均消费：
中餐厅	午餐人均消费：
	晚餐人均消费：
宴会厅	会议人均消费：
	自助餐人均消费：
	鸡尾酒会人均消费：
酒吧	人均消费：

3. 主要经营产品（表3-4）

表3-4　各部门主要经营产品定位（样例）

餐厅名称	主要经营产品
中餐厅	
西餐厅	
宴会厅	
酒吧	

4. 市场策略

阐述餐饮部总的经营策略，总的市场推广方向。

（四）市场分析

1. 经济背景展望
2. 主要竞争对手的描述
3. 市场分析强弱对比（表3-5）

表3-5　竞争酒店/酒楼优与劣势之分析表（样例）

状况＼酒店			
优势			
劣势			

4. 竞争酒店市场调查（表3-6~表3-9）

表3-6 竞争酒店市场调查表（样例）

酒店名称 餐饮设施		
酒吧		
容纳人数		
楼层		
西餐厅		
容纳人数		
楼层		
特色		
中餐厅		
容纳人数		
楼层		
特色		
宴会厅		
容纳人数		
楼层		
特色		

表3-7 酒店宴会/会议设施调查表（样例）

酒店 宴会/会议设施		
大宴会厅面积/米^2		
剧院式（人）		
课堂式（人）		

续表

宴会式（人）		
立式酒会（人）		
多功能会议室	面积 宴会、酒会、课堂、剧院	面积 宴会、酒会、课堂、剧院
1		
2		
3		
4		

表3-8　各酒楼容量及特色调查表（样例）

酒楼名称 酒楼项目		
总容纳人数		
大厅座位		
贵宾房座位		
经营菜系		
特色		

表3-9　酒店餐饮部门产品及消费水平调查表（样例）

酒店 餐饮部门		
酒吧		
主要经营产品		
人均消费		
西餐厅		

续表

主要经营产品		
人均消费		
中餐厅		
主要经营产品		
人均消费		
宴会厅		
主要经营产品		
人均消费		

5. 经营概念（表3-10~表3-12）

表3-10 酒店经营概念及定位调查表（样例）

地点：	
中文名称：	
英文名称：	
营业时间：	
午餐时间：	晚餐时间：
餐位：	
经营概念：	
客源定位：	
特别手段：	

续表

优惠政策：	
价格政策：	
宣传手段：	
预算毛利率：　　（食品：　　饮料：　　）	人均消费：

表3-11　宴会厅经营概念及定位调查表（样例）

地点：	
中文名称：	
英文名称：	
营业时间：	
经营概念	会议：
	展览：
	中式宴会：
	西式宴会：
	鸡尾酒会：

续表

客源定位:	
特别手段:	
优惠政策:	
宣传手段:	
预算毛利率: （食品: 饮料: ）	人均消费:

表3-12 餐饮部门可容纳人数调查表（样例）

名称	中式宴会	西式宴会	鸡尾酒会	剧院式	课堂式	回形	长方形	U形

6. 推广计划（表3-13~表3-14）

表3-13 中餐厅推广计划表（样例）

时间	推广内容	推广手法	宣传册	海报	报纸	其他	费用预算

表3-14 中餐厅推广活动描述表（样例）

项目	描述
活动名称	
活动内容	
时间	
地点	
负责人	
费用预算说明	
其他	
备注： 1. 此表格是对每一个推广活动的补充说明，是推广活动的行动计划安排表，所以每一个推广活动要单独填一张 2. 酒店可根据实际情况增减项目	

项目任务训练

调研实践讨论

请以一个酒店调研单位，根据计划规范内容完成一份年度经营计划报告。在学习小组交流。

要求组成学习小组，完成课堂讨论

1．学习小组讨论的规则

在独立思考后，仍有疑惑需要解决，先是一帮一，两人间的讨论，如还有困难，再扩展为4人或5人间的讨论。如遇到较难的问题记录下来，班级讨论。

2．学习小组讨论的形式

（1）自由发言式　学生可以在小组中自由发言，同学们各抒己见。

（2）轮流发言式　小组成员围绕一个中心问题挨个发言，一人不漏。

（3）一帮一讨论式　当部分学生在难题面前尽最大努力也不能解决，而教师又无法加以个别指导的时候就可以采用这种讨论方式。

学习项目2

年度人力资源计划

学习目标

- 能够正确阐述年度人力资源计划概念与编制流程；
- 能够使用年度人力资源计划规范内容完成计划编制报告。

学习内容

一、年度人力资源计划概念

年度人力资源计划是酒店以年度为时间单位，计划进行的人员招聘与训练安排，包括部门组织架构、岗位编制数量、薪酬资金、培训活动与资金、人力资源成本分析等。这里的年度投资计划是指酒店部门年度人力资源计划，即以部门为单位，对本部门系统的人力资源投入计划。

部门年度人力资源计划通常由部门负责人主持，组织部门各班组及重点部位人员研究汇总，以表格文本形式，按照规定要求时间报酒店人力资源部。

制订酒店部门人力资源计划是酒店中基层管理人员重要的工作任务，掌握相关方法是管理人员的基本管理技能。

二、部门年度人力资源计划与预算规范

（一）概要说明

部门在制订部门年度人力资源计划时，要充分考虑本市人力资源状况，对比同行业同星级酒店同部门的人力资源情况，还要参照今年本部门的情况，并要综合考虑全年的经营计划，制订出合理的年度人力资源计划。酒店

的人力资源计划是以部门人力资源计划为基础的，所以部门领导班子应对设定的每个项目认真研究讨论，制订出本部门人事及培训的计划与预算。

（二）部门行政架构说明

部门在制订部门行政架构时，要充分考虑部门的具体情况，本着合理利用劳动资源的原则，制订部门的行政架构。部门行政架构图的标准形式参照酒店总架构图及酒店行政架构说明。

（三）部门年度级别、工资、编制预算概要

部门在制订部门年度级别、工资、福利预算时应根据部门的行政架构图及酒店规定的工资标准按照“年度级别、工资、福利预算表”制定部门的预算，如表3-15所示。

需注意所有员工培训期工资均按比例支取的同时，部门经理还应按员工的工作资历、学历高低等来决定员工的起薪标准；起薪标准要就低不就高，对于资历不够或者经验不足的员工要从低过该岗位最高限工资标准起薪，以后经过评估和调整，直到拿到本编制相应职位的标准为止。

表3-15　年度级别、工资、编制预算表说明（样例）

人员编制计划	今年相关数据	增加/减少	原因分析
平均工资	今年相关数据	增加/减少	原因分析
总工资	今年相关数据	增加/减少	原因分析
级别	今年级别情况	改变/没改变	原因分析
备注：人力资源部在进行此分析时要仔细研究部门报上来的相关分析，再综合酒店的实际情况做出此分析报告			

（四）年度培训计划与预算表（表3-16）

表3-16　　年度培训计划与预算表（样例）

序号	部门负责的培训项目	参加班组及人数	费用预算
总计			

（五）部门人力资源主要数据统计表（月）（表3-17）

表3-17　　部门人力资源主要数据统计表（月）（样例）

部门（预算）	人数	平均工资	总工资	总福利	培训费	总计
今年相关数据						
分部门	人数	平均工资	总工资	总福利	培训费	总计
总计						
部门年度工资福利及培训总费用预算				人民币：　　　（元）		

三、部门劳动力成本分析

（一）概要

各部门做好本部门的劳动力成本分析对制订部门明年的工资、福利预算有着非常重要的意义，进行此分析就是要根据部门经营策略和效益状况，在充分保证部门人力需求的前提下不断提高人力资源的素质，并逐步达到节省人力资源的目的。另外要根据自己部门的经营特殊性，合理安排员工的倒班时间，也要根据部门经营的淡旺季考虑增添临时工、实习生的手段控制好劳动力成本。

（二）劳动力成本分析说明（表3-18）

表3-18　劳动力成本分析说明表（样例）

<table>
<tr><th>项目</th><th colspan="3">分析说明</th></tr>
<tr><td>今年部门总用工数及总工资福利说明</td><td colspan="3"></td></tr>
<tr><td>明年部门总用工数及总工资福利计划及预算说明</td><td colspan="3"></td></tr>
<tr><td rowspan="6">今年劳动力种类说明</td><td colspan="3">占部门总员工数</td></tr>
<tr><td>外聘人员数</td><td></td><td>%</td></tr>
<tr><td>合同工人数</td><td></td><td>%</td></tr>
<tr><td>实习生人数</td><td></td><td>%</td></tr>
<tr><td>临时工人数</td><td></td><td>%</td></tr>
<tr><td>员工总数</td><td></td><td>%</td></tr>
<tr><td rowspan="6">明年劳动力种类说明</td><td colspan="3">占部门总员工数</td></tr>
<tr><td>外聘人员数</td><td></td><td>%</td></tr>
<tr><td>合同工人数</td><td></td><td>%</td></tr>
<tr><td>实习生人数</td><td></td><td>%</td></tr>
<tr><td>临时工人数</td><td></td><td>%</td></tr>
<tr><td>员工总数</td><td></td><td>%</td></tr>
<tr><td>今年部门劳动力成本与总收入对比分析</td><td colspan="3"></td></tr>
<tr><td>明年部门总劳动力成本计划占总营业预算的计划比例</td><td colspan="3"></td></tr>
</table>

（三）部门编制制定的分析

在进行部门编制制定的分析时，要对各岗位的设立、各岗位的人员数设立的必要性、倒班时间安排的合理性做出详细的说明。同时，也要考虑部门的特殊情况，针对部门的现状（比如筹备期、试业期、全面开业的不同）以及各岗位工作的特殊性等进行部门编制制定的分析。

项目任务训练

调研实践讨论

请以一个酒店调研单位，根据计划规范内容完成一份年度人力资源计划报告。在学习小组交流。

要求组成学习小组，完成课堂讨论

1．学习小组讨论的规则

在独立思考后，仍有疑惑需要解决，先是一帮一，两人间的讨论，如还有困难，再扩展为4人或5人间的讨论。如遇到较难的问题记录下来，班级讨论。

2．学习小组讨论的形式

（1）自由发言式　学生可以在小组中自由发言，同学们各抒己见。

（2）轮流发言式　小组成员围绕一个中心问题挨个发言，一人不漏。

（3）一帮一讨论式　当部分学生在难题面前尽最大努力也不能解决，而教师又无法加以个别指导的时候就可以采用这种讨论方式。

年度投资计划

学习项目3

学习目标

- 能够正确阐述年度投资计划概念与编制流程；
- 能够使用年度投资计划规范内容完成计划编制报告。

学习内容

一、年度投资计划概念

年度投资计划是酒店以年度为时间单位，计划进行的设备实施等资产新建、改建、修建等工作项目安排，包括投资或采购理由、项目规模或规格、预计资金、实施时间、投入产出效益分析说明等。这里的年度投资计划是指酒店部门年度资本性投资计划，即以部门为单位，对本部门系统的资本性投资计划。

部门年度资本性投资计划通常由部门负责人主持，组织部门各班组及重点部位人员研究汇总，以表格文本形式，按照规定要求时间报酒店总经理办公室。

制订酒店部门资本性投资计划是酒店中基层管理人员重要的工作任务，掌握相关方法是管理人员的基本管理技能。

二、年度投资计划规范内容

（一）部门年度固定资产采购计划表（表3-19）

表3-19 部门年度固定资产采购计划表（样例）

部门名称：	
填写日期：	要求采购日期：
采购固定资产名称：	
规格要求：	
价格：	
供应商推荐：	
采购理由（其他理由请加以文字说明）： 节能 □ 安全 □ 更新 □ 关键服务 □ 其他理由 □ 说明：	
投资回收效益计算依据（请尽可能直接计算投资后的回报）：	
部门负责人审批：	
备注：每一项需采购的固定资产须单独填写一张此表格	

（二）部门年度固定资产采购计划费用表（表3-20）

表3-20 部门年度固定资产采购计划费用表（样例）

部门名称：

需采购固定资产名称	预算费用					
	1月	2月	3月	4月	5月	6月
小计						
汇总日期：	单位：元					
备注：此表格分部门填写，由财务部负责汇总						

（三）部门年度固定资产采购扼要说明（表3-21）

填写要求：若所采购物品超过500元（包括500元），请填写“扼要说明”（标准由酒店根据实际情况自定）。

表3-21　部门年度固定资产采购扼要说明（样例）

日期：　　　　　　　　　　　　　　　　　　　　　　　　单位：元

固定资产名称	部门	金额	%	扼要说明

（四）维修保养计划汇总（表3-22）

表3-22　维修保养计划汇总表

部门名称：

维修保养内容	1月	2月	3月	4月	5月	6月
备注：1. 各部门根据自己的实际情况安排需要保养内容和保养时间 2. 此表格交工程部汇总						

（五）维修保养计划明细（表3-23）

表3-23 维修保养计划明细表

维修保养内容	现时状况	保养时间	费用预算	备注
备注：费用预算一栏由工程部填写				

项目任务训练

调研实践讨论

以一个酒店调研单位，根据计划规范内容完成一份年度资本性投资计划报告。在学习小组交流。

要求组成学习小组，完成课堂讨论

1．学习小组讨论的规则

在独立思考后，仍有疑惑需要解决，先是一帮一，两人间的讨论，如还有困难，再扩展为4人或5人间的讨论。如遇到较难的问题记录下来，班级讨论。

2．学习小组讨论的形式

（1）自由发言式　学生可以在小组中自由发言，同学们各抒己见。

（2）轮流发言式　小组成员围绕一个中心问题挨个发言，一人不漏。

（3）一帮一讨论式　当部分学生在难题面前尽最大努力也不能解决，而教师又无法加以个别指导的时候就可以采用这种讨论方式。

学习单元四

现场管理能力

单元导学

本单元是现场管理工作的基本任务必备技能项目，主要包括现场巡视、纪律管理以及突发事件管理等基础技能。酒店督导级管理者能够应用这些工作技能，应对处理现场管理工作需要，是酒店工作质量的基础保障。

现场管理巡查

学习项目1

学习目标

- 能够正确说明酒店现场管理概念；
- 能够准确叙述现场管理巡查要点；
- 能够应用现场巡查工作表格完成现场巡查工作报告。

学习内容

一、酒店现场管理概念

酒店现场管理是指现场服务质量管理控制，是通过巡视现场正服务进行管理监督，使其规范化、程序化并迅速妥善地处理意外事件的管理工作过程。

（一）现场管理内容

（1）服务程序的控制　营业服务期间，督导管理人员在工作现场，通过亲身观察、判断、监督、指挥服务人员按标准服务程序服务，发现偏差及时纠正。

（2）呈递物品的控制　掌握产品呈递时间，避免宾客久等。

（3）意外事件的控制　如发生宾客投诉及其他意外事件，督导管理人员应及时、迅速处置，采取弥补措施，以防事态扩大，影响其他宾客，保证整个环境和气氛。

（4）人力控制　服务期间，督导管理人员应根据客情变化进行第二次、第三次在岗人员分工。

（二）现场工作巡视

为保证工作区域的正常运作，各部门领班以上督导管理人员必须对所属工作部位进行定时检查、巡视，具体巡视检查内容如下。

1. 上岗前对交接班的检查

（1）上班次遗留问题。

（2）本班出勤率。

（3）预订情况，有关VIP 客人的情况。

（4）营业用品的准备情况。

（5）有关贵重物品的移交。

（6）上级交办、关照的特别事宜。

2. 对本班营业前的检查

（1）工作人员到岗情况。

（2）当班准备情况（即营业服务物料工具等准备）。

（3）工作设备完好程序（照明、电源开关、空调、服务车等）。

（4）营业场所的清洁程度。

（5）营业设备家私的完好。

（6）对管辖区域的整体形象检查。

3. 对本班营业当值的巡视

（1）客流量及其分布。

（2）当区员工的工作状况。

（3）当区客人的就餐反映。

（4）保证服务的标准化。

（5）及时处理客人的投诉和突发事件。

（6）服从上级临时调配。

4. 对本班营业后的巡视

（1）营业后的收尾工作。

（2）对贵重物品的清点、回收和存放。

（3）营业后人员作息状况及值班安排。

（4）检查电、煤气、火、水、门锁等安全措施的执行情况。

（5）做好工作记录，考勤记录，员工工作评估。

（6）当日报表的编制。

5. 巡视要求

（1）对巡视须有书面记录。

（2）待处理事宜若超越本岗位职权范围，必须及时上报上级，不得延误时间或隐瞒事实。

（3）对投诉或突发事件必须详细填写有关报告。

（4）上述巡视制度，必须严格执行，按事实如实记录。

二、酒店现场管理要点

（一）管理工作重点明确

酒店各级管理人员置身服务现场，发现服务中存在问题都应及时予以纠正，并协调各相关部门岗位，妥善处理工作现场的细节问题，最大限度地满足顾客需求。

酒店应该严格管理，坚持质量标准，但其时总经理首先应该做的是：通知有关人员采取措施，或增加宴会接待人手，减少顾客用餐时间，或抚慰等候用餐的顾客，以减轻客人等候中的焦躁；提醒餐厅服务员使用敬语，微笑待客，总之，首先要保证顾客获得高质量的酒店接待服务。

（二）维护服务质量标准

酒店服务现场监督管理的主要目的就是维护酒店的质量标准，监督按规定的酒店服务程序提供服务，管理人员应当有维护酒店质量标准的强烈责任感。

酒店虽然制订了各种质量标准，但事实上，员工不是按酒店的标准而是按管理人员实际掌握的标准进行工作的。管理者没有对工作不合格现象认真督导，是导致许多质量事故的直接原因。一旦酒店管理人员容忍非标准行为存在，或是降低了标准，酒店工作问题就永远存在。

（三）坚持渐变性原则

酒店质量管理应贯彻持续改进的原则。管理督导人员在现场对员工不仅要进行有效的工作监督，还要给予下属改进工作的切实指导。许多管理人员每天在酒店服务现场巡视，对于常态化的问题，要保持敏锐的洞察，坚持提出要求促进改变。

（四）系统地处理问题

酒店服务现场可能会发生许多具体问题，而且任何问题往往不是孤立存在的，而是和其他一些事情息息相关，这就要求管理人员在快速处理这些问题时，要按照系统思维方法，把现场发生的问题放在工作系统中分析、处理。否则，简单就事论事地处理面临的问题，其结果往往不是解决了问题，而是推迟或转移了问题；可能会造成现场工作的混乱。酒店现场管理中，这种现象并不鲜见。

（五）正确的角色认知

在走动式的酒店管理过程中，管理者的职责是引领、指导、推动下属把工作做好。管理者置身现场，及时肯定、表扬，与发现问题、处罚违纪同样重要。现场管理的重要内容应该设计与扮演好自己的角色，发现英雄与英雄故事，发现问题帮助下属找到失误的原因，纠正失误，吸取教训，不再重犯，而不是一罚了事。一个管理者在现场管理应同时扮演好教练员与法官的角色。

（六）监管制度的执行

严格按制定的规范对酒店服务现场进行监管，是提高现场监管质量的基本方法。在管理过程中，首先应当解决好影响过程质量的人、设备、材料、方法与环境等问题，并要对过程监管确定监管点、监管方法、质量记录等要求。对过程进行监管中做好质量记录，对各种质量信息进行分析统计，为过程的改进提供依据。监管规范执行严格与否，直接关系着酒店服务现场管理质量高低，提高现场监管质量必须解决好管理制度执行力的问题。

三、现场管理工作应用工具

（一）酒店值班现场巡视记录（表4-1）

表4-1　酒店值班现场巡视记录表（样例）

日期：____________________　　值班经理：____________________

位置	评语
重要贵宾抵达 / 团体抵达	
宴会情况	

续表

位置	评语
楼层	
客房检查	
公共区域 （1）酒店入口处 / 大堂 （2）行李部 / 商务中心 / 健康中心 （3）花店 （4）保安部 （5）工程部	
后勤区 卫生 / 走火通道	
员工区域 （1）更衣室 / 员工洗衣间 / 淋浴间 （2）员工餐厅	
餐饮部 餐厅的服务及食物出品	
员工 （1）人员配备 （2）仪容仪表 / 员工牌 / 鞋	
事故 （1）与客人 / 员工有关联 （2）大堂副理值班记录簿	

预订入住率 __________	预抵房间 __________	预离房间 __________
主要宴会 / 会议		预订出席人数

续表

	是	否
入住办理过程所花费的时间 ________ 分钟		
员工有很好的仪容仪表和标准的站姿		
电话接听迅速有礼		
用客人的姓名来称呼		
前台员工向客人介绍房间内的走火疏散图		

1. 前台接待处：入住办理

检查时间：____________

总体评语：____

____

____

2. 与当值的大堂副理沟通交流一些需要关注的事项

房间销售状态是在控制之中还是比较严峻？ ____________

重要贵宾的预抵情况和预先安排是否妥当？ ____________

准备一份当天的宴会单，对于主要的宴会／会议进行检查并在需要时提供协助。

确保在有重要（大型）宴会／会议时，停车场有足够的人手及停泊车位以应付运作需要。

（二）楼层

楼层现场巡视记录表如表4-2所示。

表4-2 楼层现场巡视记录表（样例）

检查的楼层：________，________，________ 检查时间：________

项目	是	否	需要注意的楼层
楼层过道清洁，地毯已吸尘			
走火楼梯没有杂物堆放，行走畅通			
电梯里的烟尘缸是否清洁干净			

续表

项目	是	否	需要注意的楼层
走火门总是关闭			
走火通道指示灯正常			
消防喉管状况良好			
灭火器按指定位置摆放，气量充足			
是否有客房门忘关，房号，通知保安部跟进			
有没有可疑人员出现在楼层？通知保安部跟进			

有否发现任何安全隐患：____________________

____

____

总体评语：____________________

____

____

（三）公共区域（表4–3~表4–4）

表4-3　公共区域现场巡视记录表一（样例）

检查时间：________

项目	是	否	需要注意的地方
客用洗手间清洁干净，并有配备足够的用品			
大堂的大理石地板很好地刨光			
窗户和镜子擦得干净			
客用区域清洁干净，地毯已被吸尘			
电梯间的烟灰缸干净，没有烟头			
鲜花摆放得当并绽放			
通道楼梯清洁干净，没有杂物堆放，行走畅通			
走火门关闭			
走火通道指示灯常亮			
有没有可疑人员出现			

续表

项目	是	否	需要注意的地方
员工是否穿着干净整齐的制服，并佩戴员工牌			

有否发现任何安全隐患：____

____

____

总体评语：____

____

____

表4-4　　公共区域现场巡视记录表二（样例）

检查项目	状况				
	很好	好	一般	需注意	差
植物健康，树叶翠绿，没有虫害、发病黄叶的迹象					
植物叶抹擦干净，摆放的盆子没有发现诸如烟头、碎纸的杂物					
草坪翠绿，没有发现杂草丛生，种植的树木健康，没有发现阻碍车辆通行的分枝树干					
负责清洁的员工制服干净整洁					
员工很乐意地执行工作任务					
总体描述	很好		一般	差	

有否发现任何安全隐患：____

总体评语：____

____

____

（四）保安部（表4–5）

表4-5　　保安部现场巡视记录表（样例）

指出你看见保安员在位的地点	时间
大堂	
酒店前门入口	
员工通道	
电视监控室中保安员人数	

总体评语：____

____

____

（五）工程部（表4–6）

表4-6　　工程部现场巡视记录表（样例）

检查时间：________

检查项目	是	否
值班工程师在岗		
宴会厅没有使用时音控室关闭		
员工穿着整齐的制服并佩戴工牌		

总体评语：______________________________

____

____

（六）员工更衣室（表4-7）

表4-7　　员工更衣室现场巡视记录表

检查时间：________

检查项目	是	否
室内干净整洁		
洗手间清洁干净，并配备足够的用品		
洗手间设备状况良好（冲水马桶、淋浴头、干手器等）		

总体评语：______________________________

____

____

（七）电话房（表4-8）

表4-8　　电话房现场巡视记录表

检查时间：________

检查项目	是	否
电话接听迅速有礼		
叫醒服务准时		
留言服务准时		
留言的递送服务快捷准确		
接线生都在岗		
仪容仪表达标		

总体评语：____
____
____

（八）预订部（表4–9）

表4-9　预订部现场巡视记录表

检查时间：________

检查项目	是	否
仪容仪表达标		
人手足够		
设备操作正常		

总体评语：____
____
____

（九）行政楼层酒廊（表4–10）

表4-10　行政楼层酒廊现场巡视记录表

检查时间：________

检查项目	是	否
仪容仪表达标		
人手足够		
玻璃、窗子干净整洁		
家私有明显的划痕		
灯光适当		
自助器台按标准摆设		

续表

检查项目	是	否
洗涤盘去水畅顺		
食物按标准在雪库贮存，冰箱门常闭		
酒柜摆放干净整洁		

总体评语：____

____

____

（十）厨房（表4–11）

表4-11　　中餐厨房现场巡视记录表

中餐厨房　　检查时间：________

检查项目	是	否
食物按卫生标准在雪柜内存放，冰箱门常闭		
垃圾桶清洗干净，在不用时有盖子盖住		
陶瓷、器皿干净整洁地摆放		
所有瓷器、玻璃器皿、布草和银器的存货在用品仓库里干净整齐地摆设		

总体评语：____

____

____

（十一）仓库（干货和酒水库）（表4-12）

表4-12 仓库（干货和酒水库）现场巡视记录表

检查时间：________

检查项目	是	否
地方干净整洁		
货物按架摆放		
冷箱门常闭		
酒窖门常闭		
卸货区干净整洁		
通道门关闭		
下午六时后是否还有货物堆放在卸货区		
收货部下班后杂物是否已被清理		

总体评语：____

____

____

（十二）员工饭堂（职工用餐时间过后）（表4-13）

表4-13 员工饭堂（职工用餐时间过后）现场巡视记录表

检查时间：________

检查项目	是	否
地板干净		
餐桌干净		
厨房和洗碗间干净、整洁		
纸巾和调味品已被补充		

总体评语：____

____

____

项目任务训练

调研实践讨论

请根据本课提供的现场值班巡视表格样例，到一家酒店巡视，完成表格内容，形成巡视报告，在学习小组交流。

要求组成学习小组，完成课堂讨论

1．学习小组讨论的规则

在独立思考后，仍有疑惑需要解决，先是一帮一，两人间的讨论，如还有困难，再扩展为 4 人或 5 人间的讨论。如遇到较难的问题记录下来，班级讨论。

2．学习小组讨论的形式

（1）自由发言式　学生可以在小组中自由发言，同学们各抒已见。

（2）轮流发言式　小组成员围绕一个中心问题挨个发言，一人不漏。

（3）一帮一讨论式　当部分学生在难题面前尽最大努力也不能解决，而教师又无法加以个别指导的时候就可以采用这种讨论方式。

纪律管理

学习项目2

学习目标

- 能够阐述职业纪律概念；
- 能够准确说明酒店纪律管理的概念；
- 能够准确说明纪律管理形式；
- 能够正确说明纪律管理原则；
- 能够应用纪律管理执行标准。

学习内容

一、职业纪律概念

职业纪律是指在特定的职业活动范围内，从事某种职业的人们必须共同遵守的行为准则。它包括劳动纪律、组织纪律、财经纪律、群众纪律、保密纪律、宣传纪律、外事纪律等基本纪律要求，以及各行各业的特殊纪律要求。职业纪律的实质就是企业员工的行为准则，职业纪律的特点是具有明确的规定性和一定的强制性。

目前，我国的职业纪律以1994年7月5日中华人民共和国主席令第28号公布的《中华人民共和国劳动法》和2007年6月29日中华人民共和国主席令第65号公布的《中华人民共和国劳动合同法》为基本依据。

（一）职业纪律的特征

1. 职业性

职业纪律以职业活动和职业性质的特色为根据，结合用人单位工作具体特点，以劳动者职业行为为调整对象，对劳动者产生约束力，具有明显的职业属性。

2. 安全性

职业纪律的重要价值目标是实现安全劳动生产，覆盖劳动者安全劳动生产过程，发挥重要的保证作用。

3. 自律性

为维持和保护安全与健康，劳动者在长期的职业实践中，出于自身利益的考虑，也需要有一套能保证正常生产劳动的规则和程序，因此，职业纪律是劳动者自觉自愿遵守的规则。

4. 制约性

劳动者违反职业纪律要受到制裁。一般而言，违纪行为不仅要受到用人单位行政处分或经济惩罚，触犯刑律的会受到刑事处罚。

（二）职业纪律的作用

（1）执行职业纪律可以维护正常的安全生产和工作程序，保证社会劳动生产顺利有序的进行，促进经济发展。

（2）促使劳动者安全规范地行使自己的劳动权利，提高劳动效率，进而提高单位的工作绩效。

（3）提升单位组织的科学管理水平，促进企业内部管理的制度化。

（4）有利于企业文化的形成，提高企业精神文明建设水平。

（三）职业纪律的范围

职业纪律的调整范围是整个劳动过程以及与劳动过程有关的一切方面，包括工作时间、劳动态度、执行生产、安全、技术、卫生等规程的要求，以及服从管理、考勤等方面的全部内容。

（四）职业纪律的种类

（1）时间纪律　即职工在作息时间、考勤、请假方面的规则。

（2）组织纪律　即职工在服从人事调配、听从指挥、保守秘密、接受监督方面的规则。

（3）岗位纪律　即职工在完成劳动任务履行岗位职责、遵守操作规程遵守职业道德方面的规则。

（4）协作纪律　即职工在工种之间、工序之间、岗位之间、上下层次之间的连接和配合方面的规则。

（5）安全卫生纪律　即职工在劳动安全卫生，环境保护方面的规则。

（6）品行纪律　即职工在廉洁奉公、爱护财产、厉行节约、关心集体方面的规则。

（五）职业纪律与职业道德的关系

职业纪律与职业道德相互联系，又有所区别，两者相辅相成。《劳动法》第3条规定，劳动者应当"遵守劳动纪律和职业道德。"

1. 两者的区别

职业纪律属于法律关系的范畴，职业道德属于思想意识范畴；

职业纪律的直接目的是保证劳动者完成劳动义务，职业道德的直接目的是实现企业的最佳经济效益；

职业纪律以惩罚和激励相结合为实现手段，职业道德的实现主要依靠社会舆论，凭借人们的内疚和反省。

2. 两者的联系

职业纪律与职业道德共同寓于同一主体——劳动者，调整的对象均为"劳动行为"，终极目标都是为了保证社会生产劳动的正常进行，促进社会精神文明建设。

（六）职业纪律的法律依据

1. 宪法的规定

《中华人民共和国宪法》（2004年修正）第14条规定："国家通过提高劳动者的积极性和技术水平，推广先进的科学技术，完善经济管理体制和企业经营管理制度，实行各种形式的社会主义责任制，改进劳动组织，以不断提高劳动生产率和经济效益，发展社会生产力"；第53条则有"遵守劳动纪律"的明文规定。

2. 劳动法的规定

《中华人民共和国劳动法》第3条规定："劳动者应当完成劳动任务，提高职业技能，执行劳动安全卫生规程，遵守劳动纪律和职业道德"；第19条规定："劳动合同应当以书面形式订立"，并具备"劳动纪律"的条款；第25条规定：劳动者"严重违反劳动纪律或用人单位规章制度的"，"用人单位可以解除劳动合同"；第89条规定："用人单位制定的劳动规章制度，违反法律、法规规定的"，应承担法律责任。

3. 其他相关法律、法规的规定

《中华人民共和国劳动合同法》（2008年）第39条规定："严重违反用人单位的规章制度的"，"用人单位可以解除劳动合同"。《中华人民共和国工会法》也要求职工遵守劳动纪律。

二、酒店纪律管理的概念

（一）酒店纪律的定义

纪律是指要求人们在集体生活、工作、学习中遵守秩序、执行命令和履行自己职责的一种行为规则。纪律管理是指管理者按照事先确定的行为规则，组织和监督在纪律约束范围内的人员规范行动，确保工作顺利进行。

酒店纪律是职业纪律，由酒店相关工作制度及管理规定文件形式组成，通常在酒店员工手册中集中表述，并组织员工学习掌握。

运用纪律管理方法进行酒店管理，是提高工作效率，降低管理成本，提高酒店凝聚力的科学管理方式，开展积极的纪律管理是酒店管理人员应当掌握的基本管理技能。

（二）纪律管理的方式

纪律管理方式是通过对员工开展纪律普及培训、纠正性培训，使员工对酒店管理制度深入理解，督导激励员工自觉养成遵守制度习惯，对违纪行为按规章进行纠正的管理方法。

对遵纪表扬，对违纪惩罚，使员工逐步深入地理解有效的纪律管理，给自己和企业带来积极的意义。

以简单的处罚为管理手段的纪律管理方法，使员工缺少对纪律管理目标的领悟，可能感到伤害自尊。应当使纪律管理成为激活内部的动力，来促进员工情感上的满足，给员工提供更大的自由，同时在最少地动用正式权威的情况下带来协作与和谐。

三、纪律管理形式

（一）纠正性培训、口头提醒

管理者友好地指出员工违反纪律的地方，与员工进行正式的谈话，告诉他违规的严重性以及制定制度的原因和遵守规定的必要性。要充分、有耐心地听取对方的解释，并表示相信他能避免再次犯错。

这也是让员工打开心扉，表述自我思想的有利时机，也是管理者与员工进行情感沟通的最佳时机。有了有效的情感沟通，会为未来的管理工作打下良好的基础。

（二）书面提醒

如若员工再次违纪，要严肃地指出员工再次违规的地方，要求他做出以后遵守规定的书面保证，并签字。这种做法是有效地告知违纪员工，他的行为已经伤害了企业的利益，也伤害了管理者的感情，需要违纪员工做更加深入的思考，同时也要承受思想上的压力。压力需要释放，未来需要方向。管理者不能给违纪员工造成被放弃的感觉，应适时的给予思想和情感上的帮助，使违纪员工有改进的信心。

（三）停薪休假，做留、走的选择

如果员工又一次发生了违规现象，管理者可以严肃地按照既定的规章制度给予相应的惩罚，并提醒违纪员工，如果再继续忽视酒店的管理制度，可能被解雇。同时需要违纪员工对于是否对酒店失去信心，是否打算离开酒店表明态度。如果违纪员工对违纪行为认知良好，并有决心改正，管理者应提出具体改正要求，并限时观察，同时给予评价。

（四）解雇

如果员工出现严重违纪行为，性质恶劣的，应给予解雇，并限时离岗。

消极的纪律管理方式：消极的纪律管理最大特点是简单惩罚、一成不变、缺少人情味。毋庸置疑，这确实能有效地防止违规，但它是一种落后的管理方式，它会逐渐地瓦解企业的凝聚力，致使企业员工离心离德。

积极的纪律管理是科学的管理方式，为提高工作效率，降低管理成本，减少人员不合理流动，提高企业凝聚力都会起到积极地推动作用。

四、纪律管理的原则

（一）酒店的管理制度要明确清晰，体现准确严密的原则

员工必须知道什么是应该做的，什么是不应该做的。正确的做法会给酒店和自己带来怎样的益处；违纪行为会给酒店和自己带来怎样的伤害和损失。

（二）纪律的处罚必须要立刻进行，体现时效性的原则

管理者在发现了违规行为时，应该尽可能地立即遵循有关规定进行处理。这一点是非常重要的，因为体现管理者对待相关制度的心态，这种心态

直接影响着员工对待相关管理制度的重视程度；体现管理者的执行力度，有利于树立管理者在员工心目中的地位；体现管理者对相关制度的重视程度，有利于克服纪律管理中经常出现的“雷声大雨点小”的现象。

（三）纪律的处罚要一以贯之，体现纪律面前人人平等的原则

这项原则指对于同样的情况应该进行同样的处罚。如果两个人在同样的情况下犯了同样的错误，那么他们应该受到同样的惩罚。

（四）纪律的处罚要就事论事，体现对事不对人的原则

管理者在实施处罚时，是对事而不是对人，要尽可能地做到客观。此外，处罚完后，与他们尽量保持正常的关系，做到“不抛弃不放弃”。

五、纪律执行标准

管理人员常常试用纪律措施来改变员工的行为，从积极实行纪律的角度来看，实行纪律意味着改正、加强并改善员工的工作质量和表现，有些管理人员惧怕实行纪律，是因为他们不了解如何恰当的使用纪律这个工具。总之管理人员要想更得心应手的使用纪律管理工具，在深入认识纪律处分是为了改善员工行为的同时，还需要了解工作组织关于纪律处分的相关政策。

（一）纪律处分执行要求

所有警告均将配套以相应的经济处罚。警告不会影响员工的当月工资，但会与员工年终奖金挂钩，在警告有效期内，警告可以累积计算。 每个惩戒阶段内的口头警告、书面警告和最后警告有效期均为12个月。如果有效期过后没有进一步类似的纪律处分出现，警告将自动视为失效。

当员工过失十分严重或者之前的改正行为和纪律处分均证明员工不再适合继续工作时，方可终止其合同。

根据问题的严重性，在与人力资源部负责人共同回顾整个事件后，可以给予员工指正指导、口头警告、书面警告、最后警告和立即辞退。人力资源部总监将有权参与所有警告的面试过程。

给予员工纪律处分要与员工进行面谈，并记录在过失通知单上，表格将保留在员工饭店档案里以备查阅。面谈程序要遵守以下原则。

（1）部门经理要确保员工清楚知道违反规定的具体行为。

（2）所有员工将有机会陈述他们没有达到标准的原因。

（3）所有员工将有机会陈述他们如何在将来达到标准。

（4）所有员工将有机会明确表示将来发生类似行为的后果。

立即辞退纪律处分时，部门总监/经理要向人力资源部总监汇报/咨询每个单独的情况/行为，包括具体实例。

（二）纪律执行标准

1. 轻度过失

凡有触犯下列之一者，将受到口头警告处分。

（1）仪容不整。

（2）上班时不穿整洁的工作服或服装，不按规定位置佩戴工号牌或员工证。

（3）不使用指定的员工通道。

（4）搭乘客用电梯、使用客人卫生或其他公共设施。

（5）没有按时上下班、签到（迟到或早退）。

（6）上下班不打计时卡。

（7）当班时间擅离岗位、闲逛、干私事或使用酒店电话办私人事情。

（8）当班时间收听（看）广播、录音、电视、杂志、画刊等。

（9）当班时间吃东西或在员工餐厅以外用餐。

（10）下班后无故在酒店逗留。

（11）穿工作服、工作鞋上街或回家。

（12）在餐厅高声喧哗或发出不必要的声音。

（13）随地吐痰或乱扔垃圾在地上。

（14）拒绝与其他员工合作。

（15）工作时粗心大意，不小心弄坏酒店物品、用具者，按该物品价值给予1~10倍的罚款处理。

（16）在更衣室柜内存放食物或饮料。

（17）擅自私调更衣柜，私配钥匙或擅自加锁。

（18）上班时坐在工作台上。

（19）喝酒或神志不清状态上岗。

（20）没有尽职责的完成分内的工作。

2. 严重过失

凡有触犯下列过失之一者，将给予书面警告，直至开除处理。

（1）当班时间睡觉。

（2）委托他人或代他人打钟卡。

（3）擅离工作岗位超过二十分钟。

（4）蓄意破坏、损坏公物，按该物品价值给予1~10倍的罚款处理。

（5）在酒店范围内吵架、粗言秽语、追逐打闹。

（6）被酒店其他部门投诉，影响他人工作及违反秩序。

（7）未经批准，私自配制酒店钥匙。

（8）冒仿主管签名、仿造单据证明。

（9）损坏或涂污宣传报栏。

（10）不服从上级领导给安排工作及终止工作。

（11）拒绝酒店总经理授权的有关人员检查。

（12）搬弄是非、诽谤他人、影响团结、影响声誉。

（13）违反操作规程，造成损失。

（14）偷吃、偷喝厨房食品，按该食品售价罚款10~15倍。

（15）在餐厅范围内抽烟。

（16）没在卫生包干范围搞好清洁，被酒店或卫生部门查出卫生不合格。

（17）对女员工用轻佻语言挑逗或动手动脚。

（18）三次以上触犯轻度过失者。

3. 即时除名

凡有触犯以下过失之一者，作即时除名、开除处理。

（1）贪污、盗窃、索贿、受贿、行贿。

（2）侮辱、漫骂、恐吓、威胁他人，在酒店范围内打架。

（3）偷窃酒店或客人之财物。

（4）道德败坏，乱搞男女关系。

（5）组织及煽动罢工、斗殴聚众闹事。

（6）使用毒品、麻醉剂及兴奋剂。

（7）参加反动组织或利用黑社会组织。

（8）传播淫秽书刊或录像带。

（9）恶意破坏公物或客人用品。

（10）未经批准私自外出、兼职或利用病休另谋职业。

（11）玩忽职守、违反操作规程，造成严重后果。

（12）经常违反本酒店规定、屡教不改。

（13）其他严重违纪行为。

项目任务训练

案例分析讨论

下面是《中华人民共和国劳动合同法》（2008年1月1日起施行）部分内容，请研读内容后，调研一份酒店员工手册，对照分析涉及员工合同解除规定与条例的适应情况，并提出建议。

第三十六条 用人单位与劳动者协商一致，可以解除劳动合同。

第三十七条 劳动者提前三十日以书面形式通知用人单位，可以解除劳动合同。劳动者在试用期内提前三日通知用人单位，可以解除劳动合同。

第三十八条 用人单位有下列情形之一的，劳动者可以解除劳动合同：

（一）未按照劳动合同约定提供劳动保护或者劳动条件的；

（二）未及时足额支付劳动报酬的；

（三）未依法为劳动者缴纳社会保险费的；

（四）用人单位的规章制度违反法律、法规的规定，损害劳动者权益的；

（五）因本法第二十六条 第一款规定的情形致使劳动合同无效的；

（六）法律、行政法规规定劳动者可以解除劳动合同的其他情形。

用人单位以暴力、威胁或者非法限制人身自由的手段强迫劳动者劳动的，或者用人单位违章指挥、强令冒险作业危及劳动者人身安全的，劳动者可以立即解除劳动合同，不需事先告知用人单位。

第三十九条 劳动者有下列情形之一的，用人单位可以解除劳动合同：

（一）在试用期间被证明不符合录用条件的；

（二）严重违反用人单位的规章制度的；

（三）严重失职，营私舞弊，给用人单位造成重大损害的；

（四）劳动者同时与其他用人单位建立劳动关系，对完成本单位的工作任务造成严重影响，或者经用人单位提出，拒不改正的；

（五）因本法第二十六条 第一款第一项规定的情形致使劳动合

同无效的；

（六）被依法追究刑事责任的。

要求组成学习小组，完成课堂讨论

1．学习小组讨论的规则

在独立思考后，仍有疑惑需要解决，先是一帮一，两人间的讨论，如还有困难，再扩展为4人或5人间的讨论。如遇到较难的问题记录下来，班级讨论。

2．学习小组讨论的形式

（1）自由发言式　学生可以在小组中自由发言，同学们各抒己见。

（2）轮流发言式　小组成员围绕一个中心问题挨个发言，一人不漏。

（3）一帮一讨论式　当部分学生在难题面前尽最大努力也不能解决，而教师又无法加以个别指导的时候就可以采用这种讨论方式。

突发事件处理

学习项目3

学习目标

- 能够正确阐述突发事件管理概念；
- 能够准确叙述突发事件管理工作内容；
- 能够正确说明各突发事件管理针对性预案。

学习内容

一、突发事件管理概念

（一）突发事件的概念

酒店行业（含宾馆、酒店、酒店、度假村等）突发事件，是指在酒店所负责区域内，突然发生的对客人、员工和其他相关人员的人身和财产安全，造成或者可能造成严重危害，需要酒店采取应急处置措施予以应对的火灾、自然灾害、酒店建筑物和设备设施、公共卫生和伤亡事故、社会治安以及公关危机事件等。

酒店行业突发事件应急管理应贯彻“预防为主、预防与应急处置相结合”的原则，把应急管理贯穿于酒店管理的全过程，创造安全和谐的酒店环境。

酒店应根据自身组织情况，成立突发事件应急指挥机构，在突发事件发生时起到协调、统一领导以及快速决策等作用。并应从实际出发，根据自身的特点，结合本规范制订具体的、符合自身情况的应对危机预案。

中国饭店协会于2008年出台了《中国饭店行业突发事件应急规范（试行）》，以指导饭店业应对此类问题。当饭店出现突发事件时，应依据规范中的相关原则来处理。

（二）建立突发事件应急预案

酒店应建立健全突发事件应急预案体系。酒店应遵循法律、法规及相关规定的要求，结合本店的实际情况，制定相应的突发事件应急预案，并根据实际需要和形势变化，及时修订应急预案。

酒店应急预案应针对突发事件的性质、特点和可能造成的危害程度，对突发事件具体细分等级，制定相应的应急管理程序与制度。

（三）管理机构

无论是来自业主方任命还是管理公司派遣，酒店总经理都应是酒店突发事件应急管理第一责任人。总经理和相关管理人员需熟悉本酒店应急管理预案的全部内容，具备应急指挥能力。总经理可授权相关管理人员或机构处置应急事件，但需对处置结果承担责任。

酒店总经理等高级行政管理人员及各主要部门的负责人，组成危机领导小组或类似的组织，作为突发事件应急管理指挥机构，并有效规定所有成员的职责。应急管理指挥机构可视情况需要，在必要时组建现场控制中心及媒体信息中心，并安排相应的执行人员来负责推进和落实各项应急处置工作。

监控中心是酒店平时实施安全保卫工作的信息、图像控制中心，还是酒店在处置突发事件时期的重要指挥中心。监控中心所负责的烟感报警系统、消防喷淋系统、消防水喉配备系统、灭火器材布点系统、监视器设置系统以及广播系统的设备和监控中心机房的设备，要保持良好的运营状态，该部门员工必须应有高度的责任心。

若在一个点上或多个点上发生突发事件，必要时保安部经理甚至酒店总经理必须到达现场或到达监控中心指挥。监控中心在特定条件下，可进一步监视现场场景，比如电梯内流程接点的时间控制、录制现场实况，以提供事后的分析和破案依据。监控中心要与保安各岗位的交互系统同步工作，以便做到一呼百应，提高制度实施的效率。

二、突发事件管理工作内容

（一）建立完善管理制度规定

酒店应明确应急处置工作的组织指挥体系，制定和强化各部门及各岗位应对突发事件的责任制度，确保本店突发事件应急处置的各项规定能得到切实实行。

酒店总经理应切实贯彻国家和上级有关突发事件应急管理的各项法律、法规和要求，保障酒店的营运安全和客人、员工的人身、财产安全。必须做到应急预案体系健全，操作顺畅有效；落实应急管理责任制并有效监督；妥善处理内部矛盾，对各种安全隐患及时提出整改意见；提高各项技术防范措施的科技含量；为各项预防准备工作争取必要的资金投入。

酒店员工应熟悉本岗位的突发事件预防与应急救援职责，掌握相关的应急处置与救援知识，按规定采取预防措施，进行各项操作，服从酒店对突发事件应急处置工作的统一领导、指挥和协调。由本店员工组成的专职或者兼职应急救援队伍在现场执行任务时，应佩戴相应的识别标志，听从现场指挥人员的命令。

酒店应定期对所辖区域内容易引发各类突发事件的危险源、危险区域和工作环节进行调查、登记、风险评估，定期检查本店各项安全防范措施的落实情况，掌握并及时处理本店存在的可能引发突发事件的问题，明确提示和要求有关部门、员工及客人采取相应的安全防范措施。

酒店建立健全突发事件应急处置培训制度，对店内负有处置突发事件职责的员工定期进行培训，对本店员工和客人开展应急知识的宣传普及活动和必要的应急演练。

危机发生时，各部门和各岗位可视情况需要，立即组织开展力所能及的应急救援和紧急控制措施，并立即向酒店突发事件应急管理指挥机构汇报，由其统一领导应急处置工作。各部门负责人应坚决执行各项指令，并及时提供相关的专业建议。事件发生现场的部门负责人应保证与应急管理指挥机构的有效联络，根据指令在现场带领员工实施各项处置工作，并及时通报现场情况。

酒店通过制订相应的应急沟通计划和公共关系处理流程，指定相应的部门与人员，负责在应急管理期间，与员工、客人、上级主管单位、相关政府部门及机构、新闻媒体等的信息沟通事宜。

（二）应急物资准备

酒店在筹建、重建或装修改造时，应在功能规划上充分考虑预防、处置突发事件的需要，统筹安排应对突发事件所必需的设备和基础设施建设，合理确定应急避难场所。有条件的酒店可以在消防控制中心建立突发事件控制中心，便于所有信息和指令的传递。

酒店的各种交通工具和相关场所配备报警装置和必要的应急救援设备、设施，注明其使用方法，并显著标明安全撤离的通道、路线，保证安全通道、出口的畅通。并以自检和配合上级主管单位与相关政府部门及机构检查相结合的方式，定期检测、维护其报警装置和应急救援设备、设施，使其处于良好状态，确保正常使用。

酒店在消防、电源线路设置、电器设备使用、特种设备使用、危险物品管理、建筑施工等方面，必须严格执行有关安全生产的法律、法规，加强日常维护、保养，保证安全运行。

在酒店的重点要害部位、设施和设备上，设置便于识别的安全警示标志。尤其注意要在客房内的显著位置张贴或放置应急疏散图、客人安全须知等安全提示；在落地式玻璃门、玻璃窗、玻璃墙等设施的显著位置设立警示标志；在店内设置能覆盖酒店所有区域的应急广播系统、特殊区域的应急对话设备等。

酒店必须建立健全应急物资储备保障制度，完善重要应急物资的监管、储备、调拨和紧急配送体系。明确应急检查清单的内容，应急联系的相关部门与机构和相关人员的联系方式，以及所需要配备的各种应急物资等。

（三）制定应急程序

酒店建立突发事件信息收集系统，通过相关制度的制定和程序的实施，要求各部门和所有人员及时、客观、真实地报告突发事件信息，严防迟报、谎报、瞒报、漏报和传播虚假信息等现象的发生。

员工遇到或发现突发事件时，必须及时向酒店相关部门及上级领导汇报。汇报内容应基于当时的实际情况，尽可能多地提供各种相关信息，尤其是事件发生的时间、地点、涉及人员、简要经过和可能的原因，对人身、财产、酒店、周边社区可能的影响，需采取的行动和已采取的行动等。

部门负责人或值班人员在接到突发事件报告后，如获悉有人员死亡、伤员需救治、设备设施严重受损坏、明显存在安全威胁等情形，应立即向总经理或值班经理汇报。

总经理或值班经理在接到突发事件报告后，必须尽快赶赴现场进行实地调查，并视情况安排总机或采用其他方式通知酒店应急处置指挥机构的相关人员前来共同调查并参与商讨，及时汇总分析各种信息，对可能造成的影响进行评估，决定是否需上报上级突发事件应急机构、公安机关或消防机关、管理公司及业主公司和对媒体进行披露等。

如酒店发生造成或可能造成严重社会危害的突发事件时，就应按规定立即向上级主管单位和相关政府部门及机构报告。

（四）实施应急处置

酒店所采取的突发事件应急处置措施，必须与突发事件可能造成危害的性质、程度和范围相适应，在突发事件发生时，以客人和员工的安全至上为原则，首先最大程度地保护客人和员工及其他相关人员生命安全，其次为财产安全，尽量避免或减少损失。并根据突发事件的性质和可能造成的危害，及时启动应急预案。

酒店及时向客人和员工发布为避免或者减轻危害而采取有关特定措施的建议、劝告，组织营救和救治受伤人员，转移死亡人员，视情况需要，转移、疏散并撤离易受突发事件危害的客人、员工，并予以妥善安置和采取其他救助措施。同时，及时转移客人和酒店的重要财产及客人、员工及酒店的重要资料。

要迅速控制危险源，标明危险区域，封锁危险场所，划定警戒区，控制或者限制容易导致危害扩大的生产经营活动以及采取其他保护措施，确保物品和酒店财产的安全。

实施应急沟通计划和公共关系处理流程，有效处理与客人、员工、上级主管单位、相关政府部门及机构、新闻媒体和社区公众等的信息沟通工作。如相关政府部门及机构已开始介入突发事件的应急处置与救援工作，酒店应听从统一的指挥和安排，积极主动参加和配合应急救援工作，协助维护正常秩序。

突发事件的威胁和危害得到控制或者消除后，酒店要继续实施必要措施，防止突发事件的次生、衍生事件或者重新引发社会安全事件。

突发事件应急处置工作结束后，酒店要实施对各种救助、补偿、抚慰、安置等善后工作，妥善解决因处置突发事件引发的矛盾和纠纷，尽快恢复正常经营管理秩序。同时，对突发事件造成的损失进行评估，对经验教训进行总结，及时查明突发事件的发生经过和原因，总结突发事件应急处置工作的经验教训，制定改进措施。

三、酒店常用应急预案

（一）火灾应急预案

火灾指凡在时间上或空间上失去控制的并对财物和人身造成损害的燃烧现象。在各种灾害中，火灾是最经常、最普遍的威胁人身安全、财产安全的主要灾害之一。

1. 火险预警

任何员工若发现有异常的燃烧味、烟雾或火焰等迹象，应先观察火情，并在第一时间报告酒店消防控制中心。酒店消防控制中心在获知报警信息或发现烟感、温感等报警设施启动时，应立即安排人员赶往现场，甄别火情，组织现场人员扑救初起火灾，并视情况决定是否需按火情级别通知电话总机启动相应的紧急联络程序；同时，还应视情况及时启动灭火设施、应急广播、疏散照明、防火卷帘、防火门、排烟系统、送风系统，监控报警系统通知其他报警点。

2. 火灾发生

在火灾发生时，各部门应按照上级命令统一行动，各司其职，各部门员工在负责紧急处理的人员到达之前应尽可能留在现场，并与消防控制中心随时保持联系，以便及时提供具体的火情信息。同时，应尽可能地使用安全、快捷的方法通知火情周边处于危险区域的不知情者，并视情况使用离现场最近的消防器材控制火情。当酒店下达紧急疏散指令后，要保持各通道的畅通，疏散客人及员工到建筑物外指定的安全区域，并及时反馈执行情况。

保安部负责人应迅速到临时指挥部协助指挥，并安排人员组织现场扑救、疏散，报告火势情况，监视火势发展，判断火势蔓延情况，维持店外秩序，保障消防车通道顺畅，加强对酒店所有出入口的监控，阻止无关人员进入酒店。

工程部应安排负责人视火情关闭空调、停气、断电、启动应急发电机等，确保消防电梯的正常使用，解救电梯内被困乘客，保证喷淋泵和消火栓泵供水等。确保应急发电机的正常运行，消防水源正常供应和排烟、送风等设备的正常运行。

前厅部应通知电话总机确保店内通讯畅通，打印住店客人名单，维持酒店大堂秩序，清除门前障碍。客房部应安排人员迅速清理楼层内障碍物，统计各个楼层的客人人数，对来电询问的客人做好安抚、记录工作。

餐饮部应安排人员立即关闭所有厨房明火，安抚就餐客人。

人事部应及时通知医务室做好救护伤员的各项准备，迅速统计在店员工人数，安排宿舍管理员组织在宿舍的员工随时待命。

财务部应组织外币兑换处及各收银点和各下属办公室的员工收集和保管好现金、账目、重要单据票证等，通知电脑机房做好重要资料的备份、保管工作，做好随时根据指令进行转移的准备。

酒店总经理办公室应及时向酒店所有承租店家通报情况，集结酒店所有车辆，随时按要求运送伤员，做好酒店重要档案的整理及转移准备。

3. 火灾善后

火灾后应安排人员拍摄受影响的区域，协助前台部门及财务部门整理一份损失清单上交酒店，以便送至保险公司。在必要检查之后，经总经理同意采取补救措施，将受影响的营业区域恢复成正常状态。按顺序在记录本上记录所有细节，准备好募集证人和相关人员名单，协助在调查中需要援助的人员。

（二）自然灾害应急预案

自然灾害指以自然变异为主因的危害动植物及人类的事件，包括风暴、海啸、台风、龙卷风、水灾、旱灾、冰雪灾害等气候灾害以及地震、山体滑坡和泥石流等地质灾害。

1. 汛情及极端气候灾害处置

在汛情或极端气候到来前，酒店要组织人员对防汛器材、防汛设施、避雷装置、污水泵、机房等重点要害部位等进行检查和维护，确保各项设备运转正常；在地下车道口、地势较低的出入口及其他重点要害部位门口准备沙袋；对建筑物顶部、门窗、外围悬挂设施等部位进行检测和维护，并做加固和清理处理。

若获知汛情或极端气候发生，酒店要安排人员赶赴现场核查情况，并视情况决定是否需通知总机及时启动应急联络程序，调集人员进行堵漏、排水工作，对重点要害岗位、库房等区域增加人力及防汛器材和工具，防止次生灾害事件发生，下达转移物资指令，启动应急救援预案。

在应急处置过程中，工程部应视情况决定是否应切断受灾区域的电源，要及时组织人员携带工具到达现场抢险，对严重积水的部位，抽调排水设备进行排水。保安部应根据指令对发生汛情的岗位增派人员执勤，劝阻无关人员进入受影响区域，安排人员在楼层进行巡逻，防止不法人员进行破坏，防止盗窃及恐慌骚乱，维持公共区域的秩序。在室外值班的安全员，应检查酒店外墙的玻璃窗是否关闭，将外围用电和电源关闭，以免造成短路火灾。其他受事故影响的部门要组织人员对客人做好安抚解释工作，根据指令疏导客人离开受影响区域。其他人员随时准备协助医务人员抢救伤者，及时与保险公司进行联络。

2. 地震的处置

酒店地震应急原则为：长期准备，立足突然；统一指挥，分工负责；快速反应，自救互救。

酒店根据应急情况，制订疏散方案，确定疏散路线和场地，有组织地对客人及工作人员进行避震疏散。当酒店所在区域人民政府发布临震警报（包括有感地震和破坏性地震）后，即进入临震应急期，酒店要及时组织开展临震应急工作。

当酒店所在区域及其邻近地区发生地震，并明显有感时，酒店要及时组织开展有感地震应急处置工作，并根据当地政府和上级部门传达的信息和指令，安排人员做好地震信息的传递和宣传疏导工作，防止地震谣传，稳定客人及工作人员情绪。

当酒店所在区域发生破坏性地震时，酒店要立即组织抗震指挥部并即刻进入指挥一线，启动抗震救灾指挥系统，并成立抢险救灾组、医疗救护组、治安保卫组、疏散组、宣传组等工作小组。工作侧重点为组织客人及员工疏散、开展自救互救、预防和消除地震次生灾害。

（三）酒店建筑物和设备设施事故应急预案

酒店建筑物指酒店进行生产经营活动的人造地面固定场所，酒店设备设施指通过购买或拥有等方式为进行经营管理等活动所使用的工具。

酒店建筑物和设备设施事故，指在特殊情况下出现的异常从而给酒店经营管理活动造成不利影响的各种事件，主要包括停水、停电、停气、电梯运行故障及监控中心无法运转等。

1. 停水、停电及停气的处置

发现或获知在没有事先通知的情况下，店内发生停水、停电、停气等现象，酒店工程部应立即向相关机房通报情况，安排专业人员携带专用工具到现场察看情况，检查是否在店内还存在其他停水、停电、停气现象。若发现机房设备出现了严重故障，工程部应立即向酒店总经理等高层领导报告，指示相关机房启动应急方案，赶往相关机房现场指挥，要求总机启动应急联络程序。各部门负责人接到报警后，应立即返回岗位，随时准备接受相关命令。

如果经仔细了解具体情况后，确信问题在短时间内无法解决时，酒店应安排专人向相关部门求援，并立即启用临时发电机、临时供水车等救援设备。

在应急处置过程中应注意以下事项。

（1）工程部应视需要，安排相应的专业维修人员分别前往解救电梯内被困乘客；前往配电室启动应急发电机以保障事故照明、消防设施设备等用电；前往事故现场进一步查明原因，留守观察，及时反馈。

（2）保安部应重点关注监控系统、消防系统等运转情况，依照指令，在酒店各出入口及相关区域增加人手，加大巡视密度，对事故现场做好警戒工作，控制现场情况，防止发生混乱。

（3）前厅部应及时向酒店突发事件应急处置指挥机构提供住店客人资料，并安排人员做好客人解释、安抚及客人的要求和意见反馈工作，看管好客人的行李，确保店内指挥通讯畅通。

（4）餐饮部应要求所有当班服务员及厨师保持冷静，并采取相应的措施稳定各餐厅客人情绪，向客人说明情况争取得到谅解。若客人要求离开，应安排服务员给客人照明道路指引通道，防止造成混乱。餐饮部负责人及厨师长还应根据指令，及时制定对策，改变菜单，提供易于制作的食品。

（5）客房部应组织人员在发生停电时，携带手电筒等应急照明装置赶往楼层巡视，为客人进入房间和离店提供照明。在发生停水时，需从库房或其他场所调集矿泉水。当应急送水车到酒店后，及时给客人提供必备的生活用水。

（6）采购部应购买柴油等物品以保证应急发电机的使用，联系购买饮用水及食品等，保障应急处置的需要。

（7）财务部应组织外币兑换处及各收银点和各下属办公室的员工收集和保管好现金、账目、重要单据票证等，通知电脑机房做好重要资料的备份、保管工作，做好人工处理相关服务的准备。

（8）其他各部门应坚守岗位，管理人员应在现场进行督导，及时向酒店突发事件应急处置指挥机构反馈情况，服从统一指挥。

2. 电梯运行故障的处置

若发现或获知电梯因发生运行故障而停机，酒店监控部门应立即确认是否有人受困，并尝试用呼叫电话与轿厢内乘客联系；劝告乘客不要惊慌，静候解救；建议乘客不要采取强行离开轿厢等不安全措施。

通知工程部维修人员按相关操作规程到现场开展解救工作，安排大堂经理等相关人员到事故地点与被困乘客进行有效的不间断沟通，请客人安心等候，协助配合。

协助乘客安全离开轿厢后，酒店应及时安排人员安抚乘客，并询问其身体有无不适。对受伤或受惊吓者，应按相关规定及时安排医务人员实施救治。

酒店应及时安排工程部电梯维修人员联系厂家对故障电梯进行全面检修，确保电梯运转安全。

（四）公共卫生和伤亡事故应急预案

突发公共卫生事件指突发性重大传染性疾病疫情、群体性不明原因疾病、重大食物中毒以及其他严重影响公众健康的事件。伤亡事件指除凶杀外的所有意外伤亡事件，包括因自杀、工伤、疾病、意外事故等造成员工或客人伤亡的事件。

1. 公共卫生事件的处置

当发生突发公共卫生事件时，酒店总经理应立即召集相关人员听取情况汇报，视情况决定是否需要向相关的疾控中心、公安机关及上级部门报告。如报告疾控中心介入处理，酒店要配合防疫部门及时做好消毒、监测、隔离工作，将疫情控制在最小范围。

如果突发公共卫生事件发生在酒店公共区域、餐厅或客房等店内区域，最先发现的员工应立即报告酒店，酒店应及时安排通知120急救医生采取必要救治措施。客人被送往医院后，酒店应视情况决定是否需要采取保护或消毒措施。

如客人被确诊患有传染病，酒店应及时对其所使用过的器皿、客房等进行严格消毒，清查与之接触过的员工群体，确认易感人员名单，按要求进行隔离观察，确保其他员工和客人的安全。

如病人被确诊为重大传染病病例，酒店要根据传染病的传播程度或防疫部门的要求，采取部分或全部封闭措施，并根据封闭范围和在岗人员情况，成立由总经理领导的指挥部，组成“对客服务组”“生活保障组”“后勤供应组”“安全警卫组”“义务救护组”负责酒店部分封闭期间的正常运转。

2. 食物中毒的处置

若发现或获知有客人或员工出现食物中毒症状，发现人应首先了解中毒者国籍、人数、症状程度等基本情况，然后向酒店总机或监控中心报警。总机或监控中心应立即向酒店总经理等高层领导报告，按指示启动应急联络程序，同时报120急救中心。在现场的酒店工作人员应妥善安置中毒者，保护好现场。

酒店餐饮负责人要了解详细情况，找出可疑食品及食品盛放工具，对病人呕吐物等加以封存，对食物取样化验。如涉及外籍人员，应视需要向外事主管部门报告。

酒店保安部应派人做好现场保护工作，协助医务人员抢救中毒者，验明中毒者身份，做好询问记录。如有投毒怀疑，保安部负责人需请示酒店总经理是否向公安机关报告，并视情况决定是否需划定警戒区，及对相关的厨房、餐具、食品进行封存。

3. 意外伤亡事件的处置

酒店员工如发现酒店区域内有人身意外伤亡事件发生，必须立即报告保安部，同时注意保护现场。保安部接到报告后，要记录时间、地点、报告人身份及大概伤亡性质，如工伤、疾病、意外事故等。接到报告后，保安部经理要立即到现场，同时通知值班经理（大堂）、急救中心，如涉及设备导致的工伤应通知工程部。酒店总经理由保安部负责人通知。如遇死亡事件，酒店要向公安机关报告。

保安部到现场后，应立即设立警戒线封锁现场，疏散围观人员，如是设备导致的工伤，由工程部关掉有关设备，由保安部确定伤亡结果。如人未死亡，应立即组织抢救，保安部酌情向伤员了解情况，联系就近医院和急救中心。如确定死亡，保安部应立即报告公安机关并配合勘察现场与外界隔离，遮挡尸体并注意观察和记录现场情况。

如事件涉及员工，由保安部和人事部共同负责处理善后工作。如事件涉及客人，由保安部和值班经理共同负责处理善后工作，如清点客人财物等。

保安部负责调查，或协助公安部门调查、记录整个事件发生经过及处理情况。工程部负责恢复有关设备。行政部负责提供药品、车辆。客房部负责清理现场。

（五）社会治安事件应急预案

社会治安事件是指酒店内出现的影响社会安定和秩序的事件，具体包括恐吓电话及可疑爆炸物，抢劫、暗杀、凶杀、枪击、绑架等暴力事件，非法集会、诈骗犯罪事件、散发非法宣传品事件、大型活动或会议突发事件等。

1. 恐吓电话及可疑爆炸物的处置

酒店制定恐吓电话填写单，注意冷静、礼貌，不要打断来电者。当来电者还在线的时候，用事先规定的暗号通知其他人员。

酒店保安部在获知店内发现有客人遗留的包、纸箱及其他可疑物品后，应立即安排人员携带防爆毯等工具赶赴现场检查，设置警戒，并严禁触摸、移动可疑爆炸物。如怀疑为爆炸物，应马上向总经理报告，并要求总机启动应急联络程序，安排人员封闭现场、疏散现场周边人员，控制相关出入口，对可疑人员进行询问、监视。对第一发现人及时进行问讯记录，做好前期的证据保留工作。

工程部应立即关闭现场附近可能引起恶性事故的设备设施，撤走周围的易燃、易爆物品，及时准备酒店平面图以及必备的设施，做好停水、断电、关闭天然气及抢修的准备工作，并对店内重点要害部位进行认真细致地排查。

前厅部应及时准备在店客人名单，有效维持酒店大堂和公共区域秩序，及时清除门前所有障碍物，确保店内通讯系统畅通。

事件发生后，如被要求新闻发布，须经总经理批准。新闻发布须根据酒店应急处置指挥机构统一口径。新闻发布由酒店总经理办公室负责，但仅包括以下内容：对事件的一般描述、报告事件、地点、受伤/死亡人数（注意，不提人员姓名）。更多的详情需等调查结果出来后发布。

2. 抢劫、凶杀、枪击、绑架等暴力事件的处置

要根据违法犯罪行为的具体情况，采取有效措施及时进行处置。在处置过程中，要采取有利于控制事态，有利于取证，有利于缩小影响，力求最小限度受损的处置原则。处置要及时，要尽可能把违法犯罪活动制止在萌芽状态之中。若发现有犯罪倾向，要及时采取控制或教育的措施，并视情况向主管安全部门反映，尽量减少暴力事件的发生。

如发生暴力事件，酒店应及时全面了解具体情况，启动应急联络程序，封闭区域，保护现场，向公安机关报告，疏散现场周边人员等。

在应急处置过程中，保安部应及时安排人员设置警戒线，控制相关出入口，协助公安部门对第一发现人及时进行问讯记录，做好证据保留工作，调取监视系统中相关的影像资料。若犯罪嫌疑人正在威胁他人生命，现场的最高管理者要设法稳定其情绪，控制事态发展，等待公安人员前来处置。如有受伤者，联系急救中心。如有伤亡人员需送往医院时，应安排人员随同前往，并做好医院就诊的各项记录。前厅部等相关部门应及时调取客人受伤害的资料。总机要确保通讯联络畅通，保安部人员参与转运死伤人员，并对客人遗留在公共区域的财物进行统计和保管。

3. 非法集会的处置

酒店员工若发现有人在店内正在举行或即将举行非法集会，应立即向保安部报告；酒店销售人员若发现举办方的活动与原定活动内容不符或活动性质改变，应及时报告保安部，并与举办方交涉，要求其暂时停止相关活动。

保安部接到相关报告，应立即安排人员赶赴现场查明情况。在请示酒店总经理后，视情况决定是否需要按相关规定及时报告公安机关。

对存在严重威胁国家安全、攻击国家政府行为的非法展览或非法集会，酒店应采取果断措施，及时报告公安机关，防止事态扩大，并在处理过程中，要协助公安机关重点关注首要人员和极端人员，注意发现别有用心人员。尽量避免发生不必要的冲突。对已经扩大的复杂事态，要慎重处理，要及时劝阻、疏散围观人员，尽量保护好现场。协助控制、看管违法人员，防止其逃跑、自残、自杀或伤害他人。要有效滞留在场的当事人和见证人，积

极配合公安机关展开调查。

4. 诈骗事件的处置

宾客入店时，注意检查货币真伪，特别是大面值的货币，发现假钞应及时报告保安部，由保安部和财务部出面处理。如发现持有假信用卡、假币者，应采取以下措施。

同发卡银行联系，确定信用卡的真伪，一经确认是假信用卡或假币，立即将其假信用卡、假币、假护照、假证件扣留；及时通知保安人员到场控制持假信用卡币者，防止其逃离或做出危害员工安全的行为；打电话报告值班经理、财务部和保安部。经保安部初步审理，视情况报告公安机关。

5. 散发非法宣传品事件的处置

非法宣传品指有危害国家安全、利益，攻击我国社会制度和领导人，危害政治安定和社会稳定或未经国家有关部门批准而发放的有虚假内容的书、报、刊物、资料、音像制品、招贴画和广告等。

酒店如发现有散发非法宣传品迹象的可疑人，要立即进行监控、制止和盘查。各岗位的服务员在服务时，发现形迹可疑或正在散发非法宣传品、物品等情况，一要立即制止，二要立即报告，三要将可疑人和物品滞留。大堂服务员及行李员应留意来往的客人是否携有非法宣传品和随意丢弃物品的可疑迹象。客房服务员应注意发现在客房区域无目的徘徊的可疑人，在清扫房间时，应留意是否有非法宣传品。酒店各平台和制高点的出入口，要有专人负责管理，未经批准不得进入，并做到随时关锁。

事件发现人要迅速向保安部和电话总机报告，并讲清事发地点，宣传品内容、性质，有无可疑人等，及报警人姓名和所在部门。

保安部接到报警后要立即派人赶到现场处理，将嫌疑人扣留并收缴随身携带的危险物品，检查其身上是否有其他危险品，并迅速将其带离现场进一步审查。如此种行为发生在大厅或其他公共区域，服务员和保安人员应立即上前制止，并将其迅速带离现场，同时将其非法宣传品等全部收缴。

发现或接报有人从建筑物上向下散发宣传品，应对现场进行拍照取证，调查了解实情的经过和造成的后果，收集必要的证据（人证、物证）；控制现场，疏散围观群众，防止事态进一步扩大；经审查和核实，请示酒店领导速报公安机关和有关部门。

前厅部、大堂经理向围观的客人解释，并收回客人手中的非法宣传品交予保安部；其他岗位上的服务员在工作时，如发现有人散发非法宣传品，应立即制止，视情况将人和非法宣传品扣留，送交保安部处置；如非法宣传品已经散落在地，应立即配合，全力收缴，并上交保安部。经审查确系散发非法宣传品行为时，要将嫌疑人及非法宣传品送交公安机关处理。将可疑人带离现场或酒店时，保安部应设计好路线，使其影响降低到最小程度。

6. 大型活动或会议突发事件的处置

在各类大型活动或会议举行前，酒店保安部应对会场进行安全检查。确保疏散通道畅通，疏散门能够全部开启，并准备好手持扬声器和其他通讯设施、手电等协助疏散用品，确保其能有效使用。

在活动或会议正式开始前，酒店保安部应向举办方再次了解参加的人数，并在各疏散出口等重要位置安排适当数量的保安人员。在参加活动人员陆续抵达酒店期间，应安排专人注意观察是否有作案嫌疑人或不法活动苗头。

若在活动或会议进行过程中发生突发事件，在现场服务的酒店相关管理人员应立即向保安部报告，并要求在场人员保持冷静、不要惊慌，服从酒店保安人员指挥，或向公安机关请求支援。如发生停电等事故，还应通知工程部启动停电处置预案。

在开始播放疏散广播后，各出入口的保安或服务人员应用手持扬声器等设备提示客人携带好贵重物品，防止发生拥挤、推搡、跌倒以及踩踏事故，引导客人疏散到安全的区域，并安排人员安抚客人。等现场人员全部疏散完毕后，保安部应安排人员对各出入口做好警戒，防止发生趁机哄抢和冒领遗留在现场物品的现象，并对现场遗留的物品进行逐一登记，及时做好发还工作。

（六）公关危机事件应急预案

公关危机事件指各种突发性的危害酒店声誉的事件。

酒店应建立公共危机事件处置小组，就突发事件的预防、处理和跟踪，全面负责和监控媒体活动。建立“快速”反应检查系统，建立针对内部信息系统和媒体联系的意外事故方案，收集事件事实，填写危机事件表，及时处理媒体的咨询或媒体的现场采访要求。帮助减少伤害和控制负面传播危险，及时处理和引导媒体的观点，维护酒店声誉。

酒店要建立对外言论的纪律。员工不得向媒体提供任何信息，酒店员工如接到媒体的电话问询，采访或现场拍摄等要求，应立即转至总经理办公室。总经理办公室将安排酒店总经理或集团/公司授权发言人就相应的媒体要求进行回复。在酒店内只有总经理有权解答记者的问题，必须有总经理确认后的文字才能发布。如果有记者找到员工，员工应表示自己无权解答，并帮助找到总经理办公室，员工在接记者电话的时候要热情。在突发性事件发生后，酒店也需要立即通知更高一级的管理者，避免发布不一致的信息。

信息对外发布将在公共危机事件处置小组审定后进行。公共危机事件处置小组领导要起草新闻陈述初稿并提交酒店总经理批准。酒店公共危机事件处置小组的成员应该接受公关危机培训。

若新闻媒体报道了有关酒店不确切的消息或不切题的引述，应立即通知酒店总经理办公室。总经理办公室应致电相关新闻媒体，请他们核实并及时更正。

项目任务训练

案例讨论

假如你是某酒店大堂经理，正在值班工作期间，突发电梯故障，你在电话里听到客房服务员说："电梯卡住客人了。"请你拟订一份处理应对方案，在学习小组交流。

要求组成学习小组，完成课堂讨论

1．学习小组讨论的规则

在独立思考后，仍有疑惑需要解决，先是一帮一，两人间的讨论；如还有困难，再扩展为4人或5人间的讨论。如遇到较难的问题记录下来，班级讨论。

2．学习小组讨论的形式

（1）自由发言式　学生可以在小组中自由发言，同学们各抒己见。

（2）轮流发言式　小组成员围绕一个中心问题挨个发言，一人不漏。

（3）一帮一讨论式　当部分学生在难题面前尽最大努力也不能解决，而教师又无法加以个别指导的时候就可以采用这种讨论方式。

参考文献

［1］郑向敏. 酒店管理（第三版）［M］. 北京：清华大学出版社，2014.

［2］王大悟，刘耿大. 酒店管理180个案例品析［M］. 北京：中国旅游出版社，2007.

［3］刘涛. 酒店管理原理［M］. 天津：南开大学出版社，2013.

［4］于晓梅. 旅游与酒店专业技能实训［M］. 武汉：武汉大学出版社，2015.

［5］贾晓龙，蔡洪胜. 酒店服务技能与实训［M］. 北京：清华大学出版社，2012.

［6］曹希波. 新编现代酒店（饭店）管理实务大全［M］. 北京：中国时代经济出版社，2012.

［7］童亚莉，董韵捷. 客房技能训练［M］. 广州：暨南大学出版社，2014.